7級 漢字検定 ピタリ! 予想模試

目次と得点記録表

◇ コメントには弱点などを書き入れ，回を追うごとに力がつくようにしてください。
◇ 常用漢字表に対応しています。

予想模擬テスト①

答えには、常用《じょうよう》漢字の旧《きゅう》字体や表外漢字および常用漢字音訓表以外の読みを使ってはいけない。

時間 60分

合かく点 140/200

得点

（一）次の――線の漢字の読みをひらがなで書きなさい。 (20) 1×20

1 赤から青に色が変わる。（　　）
2 ケーキ作りは失敗に終わった。（　　）
3 沖縄の海は美しい。（　　）
4 愛媛のミカンは有名だ。（　　）
5 南北に大きな山脈が走っている。（　　）
6 旗をふって選手をおうえんする。（　　）
7 人生の岐路に立つ。（　　）
8 山の中で熊に出会う。（　　）
9 昨夜から雨がふり続いている。（　　）

（二）次の各組の――線の漢字の読みをひらがなで書きなさい。 (10) 1×10

1 五月の連休の予定を立てる。（　　）
2 高い山がいくつも連なる。（　　）

3 来月は祝日が二日ある。（　　）
4 開店祝いの花をおくる。（　　）

5 天体望遠鏡を買ってもらう。（　　）
6 鏡にうつった自分を見る。（　　）

7 最後まで決してあきらめない。（　　）
8 クラスで最も高い点数を取る。（　　）

9 友人からの伝言を聞く。（　　）
10 聞いた話を正しく伝える。（　　）

（四）次の上の漢字の太い画のところは筆順の何画目か、下の漢字の総《そう》画数は何画か、算用数字（1、2、3…）で答えなさい。 (10) 1×10

〈例〉正（3）―字（6）

1 梅（　　）
2 単（　　）
3 栃（　　）
4 挙（　　）
5 陸（　　）

6 潟（　　）
7 滋（　　）
8 散（　　）
9 健（　　）
10 輪（　　）

（五）次の漢字の読みは、音読み（ア）ですか、訓読み（イ）ですか。記号で答えなさい。 (20) 2×10

〈例〉力《ちから》 → （イ）

1 折《おり》（　　）（　　）― 6 兵《ひょう》（　　）（　　）

10 茨城の友人と山に登る。（　　）

11 足のけがが完治する。（　　）

12 くつのひもを固く結ぶ。（　　）

13 たくさんの牛が放牧されている。（　　）

14 へいの節あなから中をのぞく。（　　）

15 投票によって役員を決める。（　　）

16 公園の周りを自転車で走る。（　　）

17 栄養のバランスを考えて食べる。（　　）

18 全員の協議によってルールを決める。（　　）

19 高い理想を追い求める。（　　）

20 細かい説明は省いて話す。（　　）

（三） 次の――線の**カタカナ**に合う**漢字**をえらんで**記号**で答えなさい。 (20) 2×10

1 ポスターの図**アン**を考える。（ア案　イ安　ウ暗）（　　）

2 祝**ガ**会に出る。（ア賀　イ芽　ウ画）（　　）

3 池の周**ヘン**をぐるぐる回る。（ア変　イ辺　ウ返）（　　）

4 来年の目**ヒョウ**を立てる。（ア表　イ票　ウ標）（　　）

5 シャワーから**レイ**水を出す。（ア例　イ令　ウ冷）（　　）

6 相手チームに対して**フ**利になる。（ア夫　イ負　ウ不）（　　）

7 道**トク**の時間になる。（ア特　イ徳　ウ読）（　　）

8 決められた**リョウ**金をはらう。（ア両　イ量　ウ料）（　　）

9 ついに建物が完**セイ**した。（ア成　イ正　ウ整）（　　）

10 試験**カン**がテスト用紙を配る。（ア官　イ関　ウ完）（　　）

2 印《いん》（　　）（　　）

3 唱《しょう》（　　）（　　）

4 欠《けつ》（　　）（　　）

5 位《くらい》（　　）（　　）

7 末《すえ》（　　）（　　）

8 的《まと》（　　）（　　）

9 借《しゃく》（　　）（　　）

10 塩《えん》（　　）（　　）

（六） 後の□の中のひらがなを漢字になおして、意味が反対や対《つい》になることば（対義《ぎ》語）を書きなさい。
□の中のひらがなは**一度だけ**使い、**漢字一字**を書きなさい。 (10) 2×5

〈例〉室内 ―― 室（外）

1 平等 ――（　　）別

2 欠ける ――（　　）ちる

3 有形 ――（　　）形

4 悪筆 ――（　　）筆

5 人工 ―― 天（　　）

さ・たっ・ねん・み・む

(七) 次の——線のカタカナを○の中の漢字と送りがな(ひらがな)で書きなさい。 (14) 2×7

〈例〉 (正) タダシイ字を書く。 (正しい)

1 (付) 水をこぼさないよう気をツケル。 (　　)
2 (笑) 大きな口を開けてワラウ。 (　　)
3 (別) 駅のホームでおばとワカレル。 (　　)
4 (努) スピードの向上にツトメル。 (　　)
5 (清) 神社の入り口で手をキヨメル。 (　　)
6 (争) 国と国がはげしくアラソウ。 (　　)
7 (試) 新しいやり方をココロミル。 (　　)

(九) 次の——線のカタカナを漢字になおして書きなさい。 (16) 2×8

1 近くの商店ガイで買い物をする。 (　　)
2 台風による水ガイにあう。 (　　)
3 家族の健コウを気づかう。 (　　)
4 あの人はコウ人物だ。 (　　)
5 春夏秋冬を四キという。 (　　)
6 使った食キをきれいにあらう。 (　　)
7 こつこつとセツ約してお金をためる。 (　　)
8 図書館で小セツを借りる。 (　　)

(十) 次の——線のカタカナを漢字になおして書きなさい。 (40) 2×20

1 けんかした兄とナカ直りする。 (　　)
2 今日はとても気分がヨい。 (　　)
3 朝早く目がサめる。 (　　)
4 夕食の後に入ヨクをする。 (　　)
5 先生にきれいな花タバをわたす。 (　　)
6 チューリップの球根からメが出る。 (　　)
7 空き地に土カンが転がっている。 (　　)
8 バスに乗ってハク物館へ行く。 (　　)
9 東京とサイ玉は近い。 (　　)
10 トク別に用意された席にすわる。 (　　)

（八） 次の部首のなかまの漢字で□にあてはまる漢字一字を書きなさい。 （20）2×10

〈例〉イ（にんべん） 体《たい》力・工作《さく》

ア　言（ごんべん）
1《か》題・2《だん》話・教3《くん》
（1　　）（2　　）（3　　）

イ　灬（れんが・れっか）
自4《ぜん》・5《しょう》明・6《ぶ》事
（4　　）（5　　）（6　　）

ウ　儿（ひとあし・にんにょう）
7《きょう》弟・8《じ》童・9《がん》日
一10《ちょう》円
（7　　）（8　　）（9　　）
（10　　）

（十） 上の漢字と下の□の中の漢字を組み合わせて二字のじゅく語を二つ作り、記号で答えなさい。 （20）2×10

〈例〉校　ア門　イ学　ウ海　エ体　オ読
イ校　校ア

一、景　ア体　イ天　ウ風　エ品　オ社
1景　景2　（1　　）（2　　）

二、群　ア不　イ伝　ウ大　エ求　オ馬
群3　4群　（3　　）（4　　）

三、挙　ア戦　イ足　ウ選　エ法　オ手
5挙　挙6　（5　　）（6　　）

四、灯　ア台　イ章　ウ回　エ電　オ花
7灯　灯8　（7　　）（8　　）

五、積　ア雪　イ面　ウ係　エ対　オ知
積9　10積　（9　　）（10　　）

11 大変な苦**ロウ**をして作り上げる。（　　）

12 **オカ**山の名物はきびだんごだ。（　　）

13 大**サカ**名物の食いだおれ。（　　）

14 神様に**ネガ**い事をする。（　　）

15 テーブルの**オ**き場所を考える。（　　）

16 肉と野**サイ**を油でいためる。（　　）

17 母が作ったにぎり**メシ**を食べる。（　　）

18 いろいろな種**ルイ**の動物がいる。（　　）

19 おじは父よりも身長が**ヒク**い。（　　）

20 この町は**ギョ**業がさかんである。（　　）

予想模擬テスト ２

答えには、常用《じょうよう》漢字の旧《きゅう》字体や表外漢字および常用漢字音訓表以外の読みを使ってはいけない。

時間 60分
合かく点 140/200
得点

(一) 次の――線の漢字の読みをひらがなで書きなさい。 (20) 1×20

1 おじいさんが孫と遊ぶ。（　）（　）
2 姉と共同で部屋を使う。（　）（　）
3 鹿子まだらに雪が積もる。（　）（　）
4 大統領《とうりょう》夫人が日本をおとずれる。（　）（　）
5 どこからか不気味な音がする。（　）（　）
6 新しい大臣が発表される。（　）（　）
7 読み終わったページに印を付ける。（　）（　）
8 つまらないことに関わるな。（　）（　）
9 工業によって町が栄える。（　）（　）

(二) 次の各組の――線の漢字の読みをひらがなで書きなさい。 (10) 1×10

1 冬は日照時間が短い。（　）
2 ライトで足元を照らす。（　）
3 町の運動会に参加する。（　）
4 スープにこしょうを加える。（　）
5 つくえの位置をずらす。（　）
6 一の位の数字は３だ。（　）
7 最初に走る者を決める。（　）
8 初めて一人で電車に乗る。（　）
9 寒くて手足の感覚がにぶる。（　）
10 地図を見て国名を覚える。（　）

(四) 次の上の漢字の太い画のところは筆順の何画目か、下の漢字の総《そう》画数は何画か、算用数字（1、2、3…）で答えなさい。 (10) 1×10

〈例〉正（３）―字（６）

1 卒（　）（　）
2 兵（　）（　）
3 以（　）（　）
4 必（　）（　）
5 夫（　）（　）
6 愛（　）（　）
7 臣（　）（　）
8 辺（　）（　）
9 媛（　）（　）
10 令（　）（　）

(五) 次の漢字の読みは、音読み（ア）ですか、訓読み（イ）ですか。記号で答えなさい。 (20) 2×10

〈例〉力《ちから》 → （イ）

1 共《とも》（　）（　）― 6 刷《さつ》（　）（　）

10 散らかった部屋をかたづける。（　　）
11 青い海が果てしなく広がる。（　　）
12 小さな声でお経《きょう》を唱える。（　　）
13 奈良のお寺をめぐる。（　　）
14 来週の火曜日に授《じゅ》業参観がある。（　　）
15 事の成り行きを見守る。（　　）
16 日本の国旗を高くかかげる。（　　）
17 秋にはサンマ漁が行われる。（　　）
18 ここが問題を解《と》く要のところだ。（　　）
19 本人の希望を大切にする。（　　）
20 念には念を入れよ（　　）

(三) 次の――線のカタカナに合う漢字をえらんで記号で答えなさい。(20) 2×10

1 生活に必ヨウな物をそろえる。（ア様　イ要　ウ用）（　　）
2 カ川県のうどんは有名だ。（ア歌　イ香　ウ夏）（　　）
3 会社のフク社長が決まる。（ア福　イ服　ウ副）（　　）
4 サ賀県を旅する。（ア佐　イ左　ウ作）（　　）
5 ト山県は日本海に面している。（ア戸　イ富　ウ都）（　　）
6 ざっしのフ録を集める。（ア負　イ夫　ウ付）（　　）
7 かれは強ケンな体をしている。（ア建　イ健　ウ験）（　　）
8 図書館の百科事テンで調べる。（ア典　イ点　ウ店）（　　）
9 作文用紙にセイ書をする。（ア整　イ成　ウ清）（　　）
10 犬がイ戸に落ちた。（ア以　イ位　ウ井）（　　）

2 仲《なか》（　　）
3 管《くだ》（　　）
4 径《けい》（　　）
5 願《がん》（　　）

7 機《き》（　　）
8 軍《ぐん》（　　）
9 関《せき》（　　）
10 副《ふく》（　　）

(六) 後の□の中のひらがなを漢字になおして、意味が反対や対《つい》になることば（対義《ぎ》語）を書きなさい。□の中のひらがなは一度だけ使い、漢字一字を書きなさい。(10) 2×5

〈例〉室内――室（外）

1 不備――（　　）備
2 集中――分（　　）
3 無料――（　　）料
4 深い――（　　）い
5 平和――（　　）争

あさ・かん・せん・さん・ゆう

(七) 次の――線のカタカナを○の中の漢字と送りがな(ひらがな)で書きなさい。 (14) 2×7

〈例〉 (正) タダシイ字を書く。 (正しい)

1 (望) 屋上から遠くの山をノゾム。 (　　)
2 (働) 朝からばんまで休まずハタラク。 (　　)
3 (敗) 二点差で相手チームにヤブレル。 (　　)
4 (冷) ツメタイ飲み物を注文する。 (　　)
5 (関) 社会にカカワル仕事。 (　　)
6 (必) あとでカナラズ電話をください。 (　　)
7 (勇) イサマシイ音楽が鳴りひびく。 (　　)

(九) 次の――線のカタカナを漢字になおして書きなさい。 (16) 2×8

1 海テイにしずんだ船を見つける。 (　　)
2 音の高テイを聞き分ける。 (　　)
3 電車でロウ人に席をゆずる。 (　　)
4 細かい作業に苦ロウする。 (　　)
5 テレビ番組のシ会者が登場する。 (　　)
6 大学の入学シ験を受ける。 (　　)
7 急に天コウが悪くなる。 (　　)
8 大コウ物のカレーライスを食べる。 (　　)

(十) 次の――線のカタカナを漢字になおして書きなさい。 (40) 2×20

1 ボールを投げて遠くにトばす。 (　　)
2 左のむねに名フダを付ける。 (　　)
3 グループごとにキョウ争をする。 (　　)
4 病院に通って病気をナオす。 (　　)
5 フライパンで魚をヤく。 (　　)
6 シオで料理に味付けをする。 (　　)
7 弟はとてもナき虫である。 (　　)
8 コンピューターで機カイを動かす。 (　　)
9 家族そろって夕ハンを食べる。 (　　)
10 ザン念な気持ちになった。 (　　)

（八）次の**部首のなかまの漢字**で□にあてはまる**漢字一字**を書きなさい。 (20) 2×10

〈例〉亻（にんべん）　[体]《たい》力・工[作]《さく》

ア　糸（いとへん）

連[1]《ぞく》・[2]《けつ》果・節[3]《やく》

（1　　）（2　　）（3　　）

イ　广（まだれ）

家[4]《てい》・健[5]《こう》・[6]《ふ》県名

（4　　）（5　　）（6　　）

ウ　艹（くさかんむり）

発[7]《が》・[8]《な》の花・園[9]《げい》

[10]《えい》語

（7　　）（8　　）（9　　）

（10　　）

（十）上の漢字と下の□の中の漢字を組み合わせて**二字のじゅく語を二つ作り**、**記号**で答えなさい。 (20) 2×10

〈例〉校　［ア門　イ学　ウ海　エ体　オ読］　［イ｜校］　［校｜ア］

一、徒　［ア令　イ量　ウ利　エ生　オ歩］　［1｜徒］［徒｜2］（1　　）（2　　）

二、達　［ア位　イ成　ウ変　エ発　オ側］　［達｜3］［4｜達］（3　　）（4　　）

三、固　［ア強　イ昨　ウ体　エ軍　オ元］　［5｜固］［固｜6］（5　　）（6　　）

四、給　［ア自　イ害　ウ参　エ失　オ食］　［7｜給］［給｜8］（7　　）（8　　）

五、器　［ア台　イ用　ウ会　エ食　オ省］　［器｜9］［10｜器］（9　　）（10　　）

11 読書をして教**ヨウ**を身につける。（　　）

12 **アラタ**めて電話をかける。（　　）

13 コンサートで大成**コウ**をおさめる。（　　）

14 友人からノートを**カ**りる。（　　）

15 南**キョク**には多くのペンギンがいる。（　　）

16 父の左**ガワ**の席に着く。（　　）

17 全国**カク**地から人が集まる。（　　）

18 全国の**シロ**を見て回る。（　　）

19 **レイ**を挙げて説明する。（　　）

20 **ワラ**う門《かど》には福きたる（　　）

予想模擬テスト③

答えには、常用《じょうよう》漢字の旧《きゅう》字体や表外漢字および常用漢字音訓表以外の読みを使ってはいけない。

時間 60分
合かく点 140/200
得点

(一) 次の――線の漢字の読みをひらがなで書きなさい。 (20) 1×20

1 虫めがねでアリを観察する。（　）
2 元気良く右手を挙げる。（　）
3 自分の好きな服を選ぶ。（　）
4 有名な人物の子孫に会う。（　）
5 姉の卒業アルバムを見せてもらう。（　）
6 大きな梨が実る。（　）
7 競馬場の近くを通る。（　）
8 夫と妻《つま》で話し合いをする。（　）
9 テストの答えを改めて見る。（　）

(二) 次の各組の――線の漢字の読みをひらがなで書きなさい。 (10) 1×10

1 交差点で車が右折する。（　）
2 ハンカチを小さく折りたたむ。（　）
3 テレビの画像《ぞう》が静止する。（　）
4 静かな森の中を歩く。（　）
5 男の子が三輪車に乗っている。（　）
6 ひもを結んで輪の形にする。（　）
7 この道具はとても便利だ。（　）
8 外国の友人から便りがとどく。（　）
9 家族で海水浴に出かける。（　）
10 温かいシャワーを浴びる。（　）

(四) 次の上の漢字の太い画のところは筆順の何画目か、下の漢字の総《そう》画数は何画か、算用数字（1、2、3…）で答えなさい。 (10) 1×10

〈例〉正（3）―字（6）

1 司（　）
2 成（　）
3 季（　）
4 希（　）
5 達（　）

6 良（　）
7 軍（　）
8 栄（　）
9 祝（　）
10 縄（　）

(五) 次の漢字の読みは、音読み（ア）ですか、訓読み（イ）ですか。記号で答えなさい。 (20) 2×10

〈例〉力《ちから》 → （イ）

1 郡《ぐん》（　）
6 果《か》（　）

10 国語辞典を使って調べる。（　　）
11 やわらかい食べ物を好む。（　　）
12 スポーツの話題に関心がある。（　　）
13 会社の求人の数が少ない。（　　）
14 この類いの品物が出回っている。（　　）
15 弓矢で遠くの的をねらう。（　　）
16 公園で鹿にせんべいをやる。（　　）
17 大きな声で笑う。（　　）
18 カップを使って水を量る。（　　）
19 父が会社の課長になる。（　　）
20 白い旗が風にゆれている。（　　）

（三） 次の――線の**カタカナ**に合う**漢字**をえらんで**記号**で答えなさい。 (20) 2×10

1 自分の行動を反**セイ**する。（ア 正　イ 世　ウ 省）（　　）
2 選手がスタートの位**チ**につく。（ア 置　イ 地　ウ 知）（　　）
3 合計すると五**チョウ**円だ。（ア 丁　イ 兆　ウ 長）（　　）
4 友人の言葉を**シン**用する。（ア 心　イ 真　ウ 信）（　　）
5 箱を**ソク**面から見る。（ア 側　イ 速　ウ 足）（　　）
6 八時間の労**ドウ**を終える。（ア 動　イ 同　ウ 働）（　　）
7 病気もせず**ブ**事に過《す》ごす。（ア 部　イ 無　ウ 不）（　　）
8 長さの**タン**位を学習する。（ア 単　イ 短　ウ 炭）（　　）
9 有名人が書いた小**セツ**を読む。（ア 節　イ 説　ウ 切）（　　）
10 国会議員を**セン**挙で決める。（ア 線　イ 戦　ウ 選）（　　）

2 街《がい》（　　）
3 岡《おか》（　　）
4 倉《くら》（　　）
5 量《りょう》（　　）

7 各《かく》（　　）
8 印《しるし》（　　）
9 初《はつ》（　　）
10 梅《ばい》（　　）

（六） 後の□の中のひらがなを漢字になおして、意味が反対や対《つい》になることば（対義《ぎ》語）を書きなさい。□の中のひらがなは**一度だけ**使い、**漢字一字**を書きなさい。 (10) 2×5

〈例〉内海 ――（外）海

1 来年 ――（　　）年
2 冷たい ――（　　）い
3 決定 ――（　　）定
4 最悪 ―― 最（　　）
5 遠方 ―― 近（　　）

あつ・さく・ぺん・み・りょう

（七）次の——線のカタカナを○の中の漢字と送りがな（ひらがな）で書きなさい。 (14) 2×7

〈例〉㊣ タダシイ字を書く。（正しい）

1 (加) と中から話にクワワル。（　）
2 (冷) 冷ぞう庫で飲み物をヒヤス。（　）
3 (最) 世界でモットモ人口が多い。（　）
4 (欠) チームの選手が一人カケル。（　）
5 (産) 四ひきの子犬をウンダ。（　）
6 (連) アイデアをいくつも書きツラネル。（　）
7 (続) ラジオ体そうを毎朝ツヅケル。（　）

（九）次の——線のカタカナを漢字になおして書きなさい。 (16) 2×8

1 勝利のエイ光にかがやく。（　）
2 エイ会話の教室に通う。（　）
3 のどかな田園地タイが広がっている。（　）
4 外国の軍タイの話を聞く。（　）
5 かぜで学校を欠セキする。（　）
6 セキ雪で道路が通行止めになる。（　）
7 ユウ気をふりしぼって立ち向かう。（　）
8 山の中のユウ料道路を走る。（　）

（十）次の——線のカタカナを漢字になおして書きなさい。 (40) 2×20

1 土に植物のタネをまく。（　）
2 千円サツで代金をはらう。（　）
3 空にきれいなマン月が出る。（　）
4 ジェット機が着リクする。（　）
5 くつのひもを固くムスぶ。（　）
6 全員そろって会ギをする。（　）
7 古いジョウ下町を歩く。（　）
8 話が近所中にツタわる。（　）
9 十分な広さの場所がナい。（　）
10 オオサカフの知事と会う。（　）

（八）次の部首のなかまの漢字で□にあてはまる漢字一字を書きなさい。 （20）2×10

〈例〉イ（にんべん）　［体］《たい》カ・工［作］《さく》

ア　口（くにがまえ）　［1］《ず》録・［2］《こ》体・庭［3］《えん》

（1　　）（2　　）（3　　）

イ　彳（ぎょうにんべん）　半［4］《けい》・［5］《と》歩・［6］《とく》島

（4　　）（5　　）（6　　）

ウ　攵（のぶん・ぼくづくり）　［7］《かい》良・［8］《さん》歩・［9］《ほう》送　［10］《はい》北

（7　　）（8　　）（9　　）
（10　　）

（十）上の漢字と下の□の中の漢字を組み合わせて二字のじゅく語を二つ作り、記号で答えなさい。 （20）2×10

〈例〉校　［ア門　イ学　ウ海　エ体　オ読］　［イ校］　［校ア］

一、約　［ア的　イ束　ウ利　エ予　オ飯］　［1約］　［約2］　（1　　）（2　　）

二、録　［ア期　イ画　ウ記　エ果　オ未］　［録3］　［4録］　（3　　）（4　　）

三、養　［ア見　イ軽　ウ体　エ栄　オ分］　［5養］　［養6］　（5　　）（6　　）

四、願　［ア望　イ例　ウ笑　エ念　オ気］　［7願］　［願8］　（7　　）（8　　）

五、変　［ア試　イ急　ウ付　エ想　オ色］　［変9］　［10変］　（9　　）（10　　）

11 必要なザイ料をそろえる。（　　）

12 ゴミを細かく分ベツする。（　　）

13 一人だけ教室にノコる。（　　）

14 運動をしてケン康な体をつくる。（　　）

15 列にならんでジュン番を待つ。（　　）

16 ふろしきで箱をツツむ。（　　）

17 トラックの荷台に荷物をツむ。（　　）

18 すっかり自信をウシナう。（　　）

19 遠くまでマツ林が続いている。（　　）

20 有名人にサインをモトめる。（　　）

予想模擬テスト④

答えには、常用《じょうよう》漢字の旧《きゅう》字体や表外漢字および常用漢字音訓表以外の読みを使ってはいけない。

時間 60分　合かく点 140/200　得点

（一）次の――線の漢字の読みをひらがなで書きなさい。（20）1×20

1 正月の鏡もちを用意する。（　）（　）
2 足元の土をしっかり固める。（　）（　）
3 校旗を持って入場する。（　）（　）
4 だれでもいつかは老いるものだ。（　）（　）
5 ご飯のおかずを副食という。（　）（　）
6 社員の給料を銀行にふりこむ。（　）（　）
7 二つのチームに分かれて戦う。（　）（　）
8 努力の大切さを説く。（　）（　）
9 畑の作物が害虫に食われる。（　）（　）

（二）次の各組の――線の漢字の読みをひらがなで書きなさい。（10）1×10

1 インフルエンザで発熱する。（　）
2 火にかけたなべが熱くなる。（　）

3 車で市街地の方へ向かう。（　）
4 多くの人で街がにぎわう。（　）

5 残金が五百円になる。（　）
6 おかしが一つ残っている。（　）

7 念願の海外旅行へ出かける。（　）
8 願い事を紙に書く。（　）

9 いつもとはまるで別人だ。（　）
10 友人と別れて一人になる。（　）

（四）次の上の漢字の太い画のところは筆順の何画目か、下の漢字の総《そう》画数は何画か、算用数字（1、2、3…）で答えなさい。（10）1×10

〈例〉正（3）―字（6）

1 府（　）
2 器（　）
3 的（　）
4 臣（　）
5 氏（　）

6 建（　）
7 飯（　）
8 芽（　）
9 周（　）
10 孫（　）

（五）次の漢字の読みは、音読み（ア）ですか、訓読み（イ）ですか。記号で答えなさい。（20）2×10

〈例〉力《ちから》→（イ）

1 芽《め》（　）
6 漁《ぎょ》（　）

10 一年間のよごれを清める。（　　）
11 教室がしんと静まり返る。（　　）
12 佐賀県は焼き物で名高い。（　　）
13 辺り一面にけむりが広がる。（　　）
14 水色のかさを差して歩く。（　　）
15 かなりの富を失った。（　　）
16 弟を買い物へ連れて行く。（　　）
17 おじは近くの郡部に住んでいる。（　　）
18 作家が小説の結末を考える。（　　）
19 徳の高い人の話を聞く。（　　）
20 遠くの親類より近くの他人（　　）

（三） 次の――線のカタカナに合う漢字をえらんで記号で答えなさい。 (20) 2×10

1 お城がショウ失した。（ア松　イ焼　ウ唱）（　　）
2 お祝いに母が赤ハンをたいた。（ア反　イ飯　ウ半）（　　）
3 シ法試験に合格した。（ア氏　イ紙　ウ司）（　　）
4 だんだん勉強のセイ果が出てきた。（ア整　イ清　ウ成）（　　）
5 いらない部分をショウ略《りゃく》する。（ア省　イ章　ウ商）（　　）
6 目の前の光ケイに言葉を失う。（ア形　イ径　ウ景）（　　）
7 あの人は約ソクを必ず守る。（ア速　イ側　ウ束）（　　）
8 医者は白イを着ている。（ア位　イ衣　ウ医）（　　）
9 彼女はとてもキ用な人だ。（ア器　イ季　ウ機）（　　）
10 めずらしい外国の金カを見る。（ア科　イ課　ウ貨）（　　）

2 熊《くま》（　　）
3 節《ふし》（　　）
4 札《さつ》（　　）
5 飯《めし》（　　）
7 松《まつ》（　　）
8 働《どう》（　　）
9 失《しつ》（　　）
10 奈《な》（　　）

（六） 後の□の中のひらがなを漢字になおして、意味が反対や対《つい》になることば（対義《ぎ》語）を書きなさい。□の中のひらがなは一度だけ使い、漢字一字を書きなさい。 (10) 2×5

〈例〉室内 ―― 室（外）

1 先生 ―― 生（　　）
2 泣く ―― （　　）う
3 悪化 ―― （　　）転
4 不和 ―― 円（　　）
5 公用 ―― （　　）用

こう・し・と・まん・わら

（七）次の――線のカタカナを○の中の漢字と送りがな（ひらがな）で書きなさい。 (14) 2×7

〈例〉㊣ タダシイ字を書く。（正しい）

1 ㊞《例》 タトエバ、こんな話がある。（　　）

2 照 部屋の中をライトでテラス。（　　）

3 群 数人でムレル。（　　）

4 初 ハジメテ一人旅をした。（　　）

5 覚 新しいやり方をオボエル。（　　）

6 唱 トナエルように歌う。（　　）

7 冷 お茶をサマシてから飲む。（　　）

（九）次の――線のカタカナを漢字になおして書きなさい。 (16) 2×8

1 朝顔が発ガする。（　　）

2 滋ガ県には日本一の湖がある。（　　）

3 筆記用具を持サンする。（　　）

4 自動車サン業がさかんになる。（　　）

5 ロボットをさらにカイ良する。（　　）

6 工場の機カイがこわれる。（　　）

7 日本は軍タイを持たない。（　　）

8 水そうで熱タイ魚が泳ぐ。（　　）

（十）次の――線のカタカナを漢字になおして書きなさい。 (40) 2×20

1 物語のツヅきを読む。（　　）

2 前日にヒッ死で勉強する。（　　）

3 ホウ丁でリンゴの皮をむく。（　　）

4 祖《そ》母がウメぼしを作っている。（　　）

5 使った用具をソウ庫にしまう。（　　）

6 戦ソウのない世界を望む。（　　）

7 悪い予感がテキ中する。（　　）

8 先生が理科の実ケンをする。（　　）

9 音楽を聞くのがスきだ。（　　）

10 近くのスーパーをリ用する。（　　）

（八） 次の部首のなかまの漢字で□にあてはまる漢字一字を書きなさい。

(20) 2×10

〈例〉 イ（にんべん）　[体]《たい》力・工[作]《さく》

ア　力（ちから）

苦[1]《ろう》・追[2]《か》・成[3]《こう》

（1　　）（2　　）（3　　）

イ　⺮（たけかんむり）

土[4]《かん》・空[5]《ばこ》・[6]《せつ》分

（4　　）（5　　）（6　　）

ウ　氵（さんずい）

[7]《おき》縄・水[8]《えい》・[9]《よく》室

方[10]《ほう》

（7　　）（8　　）（9　　）

（10　　）

（十） 上の漢字と下の□の中の漢字を組み合わせて二字のじゅく語を二つ作り、記号で答えなさい。

(20) 2×10

〈例〉 校　ア門　イ学　ウ海　エ体　オ読

[イ/校]　[校/ア]

一、塩　ア然　イ分　ウ覚　エ材　オ食

[1/塩]　[塩/2]　（1　　）（2　　）

二、付　ア欠　イ録　ウ栄　エ送　オ印

[付/3]　[4/付]　（3　　）（4　　）

三、結　ア各　イ治　ウ集　エ末　オ意

[5/結]　[結/6]　（5　　）（6　　）

四、辞　ア祝　イ例　ウ詩　エ博　オ書

[7/辞]　[辞/8]　（7　　）（8　　）

五、位　ア要　イ芸　ウ置　エ単　オ失

[位/9]　[10/位]　（9　　）（10　　）

11 白いハトを空にトばす。（　　）

12 予想イ上にうまく出来た。（　　）

13 一人でイバラの道を進む。（　　）

14 のき下にツバメのスがある。（　　）

15 石が池のソコにしずむ。（　　）

16 ゆうビン局で切手を買う。（　　）

17 水ヘイはセーラー服を着ている。（　　）

18 もっと良い方ホウを考える。（　　）

19 商品のトク長を説明する。（　　）

20 千代紙でツルをオる。（　　）

予想模擬テスト ⑤

答えには、常用《じょうよう》漢字の旧《きゅう》字体や表外漢字および常用漢字音訓表以外の読みを使ってはいけない。

時間 60分

合かく点 140/200

得点

（一）次の——線の漢字の読みをひらがなで書きなさい。（20）1×20

1 米を倉の中におさめる。（　）（　）

2 店の伝票を整理する。（　）（　）

3 梅の香りがする山道を歩く。（　）（　）

4 二色のインクで版《はん》画を刷る。（　）（　）

5 円の半径を物差しではかる。（　）（　）

6 福井県は日本海に面している。（　）（　）

7 最後まで共に戦う。（　）（　）

8 学校で注目の的になる。（　）（　）

9 白鳥が新潟県に飛来する。（　）（　）

（二）次の各組の——線の漢字の読みをひらがなで書きなさい。（10）1×10

1 授《じゅ》業に関係のない話をする。（　）

2 昔の関所を見学する。（　）

3 ご飯をよくかんで食べる。（　）

4 それくらいは朝飯前だ。（　）

5 父との約束は必ず守る。（　）

6 毛糸をまとめて束にする。（　）

7 年度末は何かといそがしい。（　）

8 なやんだ末に答えを出す。（　）

9 財《さい》布《ふ》から千円札を取り出す。（　）

10 店の入り口に立て札がある。（　）

（四）次の上の漢字の太い画のところは筆順の何画目か、下の漢字の総《そう》画数は何画か、算用数字（1、2、3…）で答えなさい。（10）1×10

〈例〉正（3）—字（6）

1 建（　）　6 包（　）

2 関（　）　7 兆（　）

3 失（　）　8 印（　）

4 候（　）　9 焼（　）

5 街（　）　10 牧（　）

（五）次の漢字の読みは、音読み（ア）ですか、訓読み（イ）ですか。記号で答えなさい。（20）2×10

〈例〉力《ちから》 → （イ）

1 求《きゅう》（　）（　）—6 旗《はた》（　）（　）

10 冷めたスープを飲む。（　　）

11 望んだとおりの結果になる。（　　）

12 天然の成分で薬を作る。（　　）

13 おじはとても博学な人だ。（　　）

14 教科書の詩を暗唱する。（　　）

15 手がらを立てた家臣をほめる。（　　）

16 交通安全の標語を考える。（　　）

17 生クリームの分量を量る。（　　）

18 正月に松竹梅のかざりを付ける。（　　）

19 父母と岐阜の高山に行った。（　　）

20 顔がうっすら赤みを帯びる。（　　）

(三) 次の――線の**カタカナ**に合う**漢字**をえらんで**記号**で答えなさい。 (20) 2×10

1 海**テイ**で生きる魚もいる。（ア底　イ低　ウ定）（　　）

2 祖《そ》父の家で田植えを体**ケン**した。（ア建　イ健　ウ験）（　　）

3 花火大会の見物**セキ**を用意する。（ア赤　イ席　ウ積）（　　）

4 サッカーの地区予**セン**に出場する。（ア選　イ線　ウ戦）（　　）

5 公**キョウ**の体育館を利用する。（ア協　イ共　ウ教）（　　）

6 現代社会について深く考**サツ**する。（ア札　イ刷　ウ察）（　　）

7 植物の生長を**カン**察する。（ア観　イ関　ウ完）（　　）

8 はげまされて**ユウ**気がわいた。（ア遊　イ勇　ウ有）（　　）

9 農業の機**カイ**化が進む。（ア界　イ改　ウ械）（　　）

10 **リョウ**心にはじない行動をする。（ア良　イ量　ウ料）（　　）

2 鏡《かがみ》（　　）（　　）

3 課《か》（　　）（　　）

4 児《じ》（　　）（　　）

5 管《かん》（　　）（　　）

7 順《じゅん》（　　）（　　）

8 佐《さ》（　　）（　　）

9 氏《し》（　　）（　　）

10 種《たね》（　　）（　　）

(六) 後の□の中のひらがなを漢字になおして、意味が反対や対《つい》になることば（対義語《ぎ》）を書きなさい。□の中のひらがなは**一度だけ**使い、**漢字一字**を書きなさい。 (10) 2×5

〈例〉室内 ―― 室（外）

1 共通 ――（　　）有

2 便利 ――（　　）便

3 真水 ――（　　）水

4 集まる ――（　　）る

5 勝者 ――（　　）者

ふ・しお・ち・とく・はい

（七）次の——線のカタカナを○の中の漢字と送りがな（ひらがな）で書きなさい。　（14）2×7

〈例〉㊣　タダシイ字を書く。　（正しい）

1　(治)　病気がナオルようにいのる。　（　　）
2　(求)　式を計算して答えをモトメル。　（　　）
3　(果)　おこづかいを使いハタス。　（　　）
4　(固)　セメントがカタマル。　（　　）
5　(栄)　工業によって町がサカエル。　（　　）
6　(好)　姉とは服のコノミが合う。　（　　）
7　(伝)　人から人へ話がツタワル。　（　　）

（九）次の——線のカタカナを漢字になおして書きなさい。　（16）2×8

1　文章のヨウ点をまとめる。　（　　）
2　植物は土からヨウ分をとる。　（　　）
3　フク引きで「はずれ」になる。　（　　）
4　児童会のフク会長になる。　（　　）
5　熱があるので安セイにする。　（　　）
6　下書きをていねいにセイ書する。　（　　）
7　新しい学習チョウを買う。　（　　）
8　ニチョウ円の予算を組む。　（　　）

（十）次の——線のカタカナを漢字になおして書きなさい。　（40）2×20

1　家族全員でキョウ力する。　（　　）
2　ナカの良い友人と出かける。　（　　）
3　ミ来の自分を想像《ぞう》する。　（　　）
4　カク学年の代表が集まる。　（　　）
5　用意したザイ木で家具を作る。　（　　）
6　十のクライの計算をする。　（　　）
7　暗くなったので電トウをつける。　（　　）
8　会話をテープにロク音する。　（　　）
9　テストはアン外やさしかった。　（　　）
10　大きな声で号レイをかける。　（　　）

（八）次の部首のなかまの漢字で□にあてはまる漢字一字を書きなさい。 (20) 2×10

〈例〉イ（にんべん）　[体]《たい》力・工[作]《さく》

ア　頁（おおがい）
[1]《がん》望・[2]《がん》面・種[3]《るい》
（1　　）（2　　）（3　　）

イ　牛（うしへん）
[4]《とく》別・[5]《ぼく》草・書[6]《もつ》
（4　　）（5　　）（6　　）

ウ　阝（こざとへん）
医[7]《いん》・三[8]《かい》・[9]《りく》上
登山[10]《たい》
（7　　）（8　　）（9　　）
（10　　）

（十）上の漢字と下の□の中の漢字を組み合わせて二字のじゅく語を二つ作り、記号で答えなさい。 (20) 2×10

〈例〉校　ア門　イ学　ウ海　エ体　オ読
[イ校]　[校ア]

一、底　ア辺　イ法　ウ良　エ船　オ沖
[1底]　[底2]　（1　　）（2　　）

二、漁　ア多　イ不　ウ省　エ氏　オ業
[漁3]　[4漁]　（3　　）（4　　）

三、街　ア市　イ府　ウ丁　エ角　オ利
[5街]　[街6]　（5　　）（6　　）

四、訓　ア失　イ教　ウ争　エ念　オ練
[7訓]　[訓8]　（7　　）（8　　）

五、熱　ア共　イ約　ウ湯　エ高　オ器
[熱9]　[10熱]　（9　　）（10　　）

11 かばんの中をネン入りに調べる。（　　）
12 兄は遊びのタツ人だ。（　　）
13 プレゼントを美しくツツむ。（　　）
14 お店にム理な注文をする。（　　）
15 テーブルの上に花びんをオく。（　　）
16 決勝戦でおしくもヤブれる。（　　）
17 くじに当たってオク万長者《じゃ》になる。（　　）
18 ヒマワリのタネをまく。（　　）
19 しかられても平ゼンとしている。（　　）
20 過《す》ごしやすいキ節になる。（　　）

予想模擬テスト ⑥

答えには、常用《じょうよう》漢字の旧《きゅう》字体や表外漢字および常用漢字音訓表以外の読みを使ってはいけない。

時間 60分
合かく点 140/200
得点

(一) 次の——線の漢字の読みをひらがなで書きなさい。 (20) 1×20

1 円の半径を物差しで測《はか》る。（　）（　）
2 有利な立場で物事を進める。（　）（　）
3 水が使えなくて不便だ。（　）（　）
4 大きな牧羊犬が走ってくる。（　）（　）
5 国会で法案が可《か》決された。（　）（　）
6 川で冷やしたすいかを切る。（　）（　）
7 夏休みに電車で帰省する。（　）（　）
8 工場で不良品を選別する。（　）（　）
9 三人で連れ立って街へ出る。（　）（　）

(二) 次の各組の——線の漢字の読みをひらがなで書きなさい。 (10) 1×10

1 駅の改札口を通る。（　）
2 友人に改めてお礼を言う。（　）
3 日曜日に野球の試合がある。（　）
4 新しい方法を試みる。（　）
5 アサガオの種が発芽する。（　）
6 土の中から小さな芽が出る。（　）
7 年賀《が》はがきに印字する。（　）
8 わかりやすい目印を付ける。（　）
9 借用書にサインをする。（　）
10 姉のハンドバッグを借りる。（　）

(四) 次の上の漢字の太い画のところは筆順の何画目か、下の漢字の総《そう》画数は何画か、算用数字（1、2、3…）で答えなさい。 (10) 1×10

〈例〉正（3）—字（6）

1 印（　）— 6 昨（　）
2 帯（　）— 7 埼（　）
3 兆（　）— 8 参（　）
4 典（　）— 9 児（　）
5 不（　）— 10 英（　）

(五) 次の漢字の読みは、音読み（ア）ですか、訓読み（イ）ですか。記号で答えなさい。 (20) 2×10

〈例〉力《ちから》 → （イ）

1 塩《しお》（　）— 6 結《けつ》（　）

10 三組に分かれて輪唱する。（　　）

11 挙手して自分の意見をのべる。（　　）

12 木に鳥の巣箱を置く。（　　）

13 家族で墓《はか》参りをする。（　　）

14 父から不思議な話を聞く。（　　）

15 情報《じょうほう》をすばやく伝達する。（　　）

16 母が鏡台の前にすわる。（　　）

17 成り行きに身をまかせる。（　　）

18 明日から市の議会が開かれる。（　　）

19 例えばの話をする。（　　）

20 良薬は口に苦し（　　）

（三） 次の——線の**カタカナ**に合う**漢字**をえらんで**記号**で答えなさい。 (20) 2×10

1 南**キョク**の様子をテレビで見る。（ア局　イ曲　ウ極）（　　）

2 四年に一度の祭**テン**が開かれる。（ア典　イ転　ウ点）（　　）

3 運動会は成**コウ**した。（ア港　イ功　ウ候）（　　）

4 五人**イ**下のグループを作る。（ア意　イ移　ウ以）（　　）

5 外国語の**タン**語を勉強する。（ア炭　イ短　ウ単）（　　）

6 相手に勝つ自**シン**がある。（ア信　イ臣　ウ身）（　　）

7 白い食**キ**をテーブルに出す。（ア機　イ季　ウ器）（　　）

8 細いガラス**カン**を実験で使う。（ア管　イ官　ウ間）（　　）

9 友人に**ヒ**肉を言われる。（ア飛　イ皮　ウ火）（　　）

10 兄はするどい味**カク**を持っている。（ア覚　イ各　ウ角）（　　）

2 香《か》（　　）

3 億《おく》（　　）

4 岐《き》（　　）

5 崎《さき》（　　）

7 井《い》（　　）

8 阜《ふ》（　　）

9 菜《な》（　　）

10 案《あん》（　　）

（六） 後の□の中のひらがなを漢字になおして、意味が反対や対《つい》になることば（対義《ぎ》語）を書きなさい。□の中のひらがなは**一度だけ**使い、**漢字一字**を書きなさい。 (10) 2×5

〈例〉室内 —— 室（外）

1 海洋 —— 大（　　）

2 出席 ——（　　）席

3 熱湯 ——（　　）水

4 失敗 —— 成（　　）

5 本業 ——（　　）業

けっ・こう・ふく・りく・れい

（七） 次の――線のカタカナを○の中の漢字と送りがな（ひらがな）で書きなさい。 (14) 2×7

〈例〉 ㊣ タダシイ字を書く。 （正しい）

1 (覚) 物音がして目がサメル。 （ ）
2 (祝) 大会での勝利をイワウ。 （ ）
3 (唱) まじないの言葉をトナエル。 （ ）
4 (挙) 候ほとして名前がアガル。 （ ）
5 (便) 海外の友人からタヨリがとどく。 （ ）
6 (結) リボンのムスビ目がほどける。 （ ）
7 (必) いつかカナラズ勝つぞ。 （ ）

（九） 次の――線のカタカナを漢字になおして書きなさい。 (16) 2×8

1 対戦相手はトク島のチームだ。 （ ）
2 その土地のトク産物を買う。 （ ）
3 万国キが風にはためく。 （ ）
4 入学を強くキ望する。 （ ）
5 食事のサイ中に電話がかかる。 （ ）
6 畑でとれた野サイをもらう。 （ ）
7 店が売り上げの競ソウをする。 （ ）
8 百メートル競ソウに出る。 （ ）

（十） 次の――線のカタカナを漢字になおして書きなさい。 (40) 2×20

1 白いウメの花がさく。 （ ）
2 都道フ県の名前を覚える。 （ ）
3 かけ足で運動場を一シュウする。 （ ）
4 アイ情《じょう》を持って犬を育てる。 （ ）
5 クラスの文集を印サツする。 （ ）
6 友人と一位をアラソう。 （ ）
7 住所とシ名を記入する。 （ ）
8 海岸からハツ日の出を見る。 （ ）
9 グン事訓練を見学する。 （ ）
10 ライバルに大きくサをつける。 （ ）

（八）次の部首のなかまの漢字で□にあてはまる漢字一字を書きなさい。

(20) 2×10

〈例〉亻（にんべん）　［体］《たい》力・工［作］《さく》

ア　宀（うかんむり）

水［1］《がい》・観［2］《さつ》・外交［3］《かん》

（1　　）（2　　）（3　　）

イ　飠（しょくへん）

旅［4］《かん》・赤［5］《はん》・［6］《いん》食

（4　　）（5　　）（6　　）

ウ　氵（さんずい）

［7］《しょう》火・［8］《ぎょ》船・［9］《まん》月

自［10］《ち》体

（7　　）（8　　）（9　　）

（10　　）

（十）上の漢字と下の□の中の漢字を組み合わせて二字のじゅく語を二つ作り、記号で答えなさい。

(20) 2×10

〈例〉校　ア門　イ学　ウ海　エ体　オ読　　［イ｜校］　［校｜ア］

一、衣　ア副　イ着　ウ民　エ類　オ念　　［1｜衣］　［衣｜2］　（1　　）（2　　）

二、静　ア不　イ成　ウ平　エ止　オ氏　　［静｜3］　［4｜静］　（3　　）（4　　）

三、種　ア品　イ印　ウ季　エ博　オ目　　［5｜種］　［種｜6］　（5　　）（6　　）

四、続　ア行　イ郡　ウ協　エ連　オ練　　［7｜続］　［続｜8］　（7　　）（8　　）

五、標　ア節　イ本　ウ未　エ道　オ案　　［標｜9］　［10｜標］　（9　　）（10　　）

11 入り口で入場**リョウ**をはらう。（　　）

12 姉のしゅ味は手**ゲイ**だ。（　　）

13 高い**ネツ**が出る。（　　）

14 台風が日本に上**リク**する。（　　）

15 運動場を三**シュウ**する。（　　）

16 弟がおもちゃを**チ**らかす。（　　）

17 ダンスのふり**ツ**けを考える。（　　）

18 急に機**カイ**が止まる。（　　）

19 弁《べん》当の**ツツ**みを開く。（　　）

20 雨ふって地**カタ**まる（　　）

予想模擬テスト 7

答えには、常用《じょうよう》漢字の旧《きゅう》字体や表外漢字および常用漢字音訓表以外の読みを使ってはいけない。

時間 60分
合かく点 140／200
得点

(一) 次の——線の漢字の読みをひらがなで書きなさい。 (20) 1×20

1 またとない機会に出くわす。（　　）
2 好きな教科の勉強をする。（　　）
3 的の真ん中に矢がささる。（　　）
4 たから箱には金貨が入っている。（　　）
5 兵庫県は関西地方である。（　　）
6 畑の白菜をしゅうかくする。（　　）
7 追加でジュースを注文する。（　　）
8 書店で新刊《かん》を予約する。（　　）
9 選手がマラソンを完走する。（　　）

(二) 次の各組の——線の漢字の読みをひらがなで書きなさい。 (10) 1×10

1 明日は建国記念の日だ。（　　）
2 新しい家を建てる。（　　）

3 手の血管がすけて見える。（　　）
4 器具の先に管をつなぐ。（　　）

5 欠点を直そうと努める。（　　）
6 弟は集中力に欠けている。（　　）

7 ついに栄光を手にする。（　　）
8 駅前の商店街が栄える。（　　）

9 種目別に分かれて練習する。（　　）
10 種火をろうそくに点火する。（　　）

(四) 次の上の漢字の太い画のところは筆順の何画目か、下の漢字の総《そう》画数は何画か、算用数字（1、2、3…）で答えなさい。 (10) 1×10

〈例〉正（3）—字（6）

1 残（　）　2 害（　）　3 官（　）　4 城（　）　5 熱（　）

6 浅（　）　7 努（　）　8 節（　）　9 郡（　）　10 然（　）

(五) 次の漢字の読みは、音読み（ア）ですか、訓読み（イ）ですか。記号で答えなさい。 (20) 2×10

〈例〉力《ちから》 → （イ）

1 類《るい》（　）—6 佐《さ》（　）

10 いとこが結こん式を挙げる。（　　）

11 すいかの種を口から出す。（　　）

12 室内で観葉植物を育てる。（　　）

13 単身でアメリカへわたる。（　　）

14 四分の二を約分して答える。（　　）

15 勇み足には気を付けよ。（　　）

16 標的にねらいを定める。（　　）

17 はげしい戦いの末に敗れる。（　　）

18 鹿皮のカーペットを買う。（　　）

19 製《せい》品をさらに改良する。（　　）

20 周りの人に頭を下げる。（　　）

（三）

次の――線のカタカナに合う漢字をえらんで記号で答えなさい。（20）2×10

1 便リな機械を発明する。（ア 里　イ 理　ウ 利）（　　）

2 この土地では有名な伝セツだ。（ア 説　イ 折　ウ 節）（　　）

3 音楽の時間に合ショウをする。（ア 笑　イ 唱　ウ 商）（　　）

4 庭に大きなソウ庫がある。（ア 倉　イ 争　ウ 送）（　　）

5 来客に建物の中をアン内する。（ア 安　イ 暗　ウ 案）（　　）

6 空手教室のショ心者クラスに入る。（ア 初　イ 所　ウ 書）（　　）

7 手記をイン刷して配る。（ア 院　イ 員　ウ 印）（　　）

8 夏物のイ類をおし入れにしまう。（ア 衣　イ 位　ウ 以）（　　）

9 教科書のレイ題に取り組む。（ア 礼　イ 令　ウ 例）（　　）

10 新しい大ジンが決定する。（ア 人　イ 臣　ウ 神）（　　）

2 席《せき》（　　）

3 伝《でん》（　　）

4 静《せい》（　　）

5 帯《おび》（　　）

7 節《ふし》（　　）

8 輪《わ》（　　）

9 未《み》（　　）

10 菜《な》（　　）

（六）

後の□の中のひらがなを漢字になおして、意味が反対や対《つい》になることば（対義《ぎ》語）を書きなさい。□の中のひらがなは一度だけ使い、漢字一字を書きなさい。（10）2×5

〈例〉室内 ―― 室（外）

1 下校 ――（　）校

2 病気 ―― 健（　）

3 発病 ―― 全（　）

4 消極 ――（　）極

5 中止 ――（　）行

せっ・ぞっ・ち・とう・こう

（七） 次の――線のカタカナを○の中の漢字と送りがな（ひらがな）で書きなさい。 (14) 2×7

〈例〉 ㊣ タダシイ字を書く。 （正しい）

1 (残) ノートに思い出がノコル。 （　　）

2 (浅) アサイ川に入って遊ぶ。 （　　）

3 (包) きれいな紙にツツンでわたす。 （　　）

4 (固) 荷物を一か所にカタメル。 （　　）

5 (省) 時間のむだをハブク。 （　　）

6 (浴) 熱いシャワーを頭からアビル。 （　　）

7 (低) いつもよりヒクイ声で話す。 （　　）

（九） 次の――線のカタカナを漢字になおして書きなさい。 (16) 2×8

1 ドウ話を読むのが好きだ。 （　　）

2 労ドウ力が不足している。 （　　）

3 米の生産リョウを調べる。 （　　）

4 道路の通行リョウをはらう。 （　　）

5 夏休みのカ題をかたづける。 （　　）

6 あんずでカ実酒を作る。 （　　）

7 地形がヘン化にとむ。 （　　）

8 家の周ヘンを散歩する。 （　　）

（十） 次の――線のカタカナを漢字になおして書きなさい。 (40) 2×20

1 鳥がツラなって飛んでいる。 （　　）

2 プラスチックの容キに入れる。 （　　）

3 広場で園ジが遊ぶ。 （　　）

4 サク年の出来事をふり返る。 （　　）

5 外に出て日光ヨクをする。 （　　）

6 週マツは家で休む。 （　　）

7 保《ほ》ケン室で手当てを受ける。 （　　）

8 目上の人にシツ礼な行いをする。 （　　）

9 川ゾコに魚を見つける。 （　　）

10 国会ギ員に当選する。 （　　）

(八) 次の**部首のなかまの漢字**で□にあてはまる**漢字一字**を書きなさい。 (20) 2×10

〈例〉亻(にんべん)　[体]《たい》力・工[作]《さく》

ア　亻(にんべん)

通[1]《しん》・[2]《べん》所・[3]《そく》面

(1　　)(2　　)(3　　)

イ　心(こころ)

[4]《そう》定・記[5]《ねん》・[6]《きゅう》流

(4　　)(5　　)(6　　)

ウ　辶(しんにょう・しんにゅう)

近[7]《べん》・[8]《れん》敗・[9]《たつ》成

[10]《せん》出

(7　　)(8　　)(9　　)

(10　　)

(十) 上の漢字と下の□の中の漢字を組み合わせて**二字のじゅく語を二つ**作り、**記号**で答えなさい。 (20) 2×10

〈例〉校　[ア門　イ学　ウ海　エ体　オ読]

[イ|校]　[校|ア]

一、隊　[ア衣　イ軍　ウ不　エ長　オ伝]

[1|隊]　[隊|2]　(1　　)(2　　)

二、満　[ア不　イ点　ウ的　エ典　オ案]

[満|3]　[4|満]　(3　　)(4　　)

三、民　[ア児　イ県　ウ感　エ族　オ養]

[5|民]　[民|6]　(5　　)(6　　)

四、牧　[ア法　イ争　ウ場　エ兆　オ放]

[7|牧]　[牧|8]　(7　　)(8　　)

五、要　[ア所　イ筆　ウ満　エ重　オ想]

[要|9]　[10|要]　(9　　)(10　　)

11 **リク**上の競技《ぎ》会が行われる。(　　)

12 谷の**セイ**流に手をひたす。(　　)

13 ふくろの口を**ワ**ゴムで止める。(　　)

14 血のにじむような**ド**力をする。(　　)

15 そんな事は全**ゼン**問題ではない。(　　)

16 相手の要**キュウ**を受け入れる。(　　)

17 兄が中学校を**ソツ**業した。(　　)

18 町内の**ロウ**人が公園に集まる。(　　)

19 **ヒ**えた指先をストーブで温める。(　　)

20 別の**ビン**で荷物がとどく。(　　)

予想模擬テスト ❽

答えには、常用《じょうよう》漢字の旧《きゅう》字体や表外漢字および常用漢字音訓表以外の読みを使ってはいけない。

時間 60分
合かく点 140/200
得点

（一） 次の——線の漢字の読みをひらがなで書きなさい。 (20) 1×20

1 友人と食事を共にする。（　　）
2 日ごろから節水を心がける。（　　）
3 祖《そ》母に祝いの品をわたす。（　　）
4 弟はかぜが治ったばかりだ。（　　）
5 店頭で好みの物をさがす。（　　）
6 漢字には音読みと訓読みがある。（　　）
7 国と国とが協定を結ぶ。（　　）
8 工場で魚の肉を加工する。（　　）
9 昼食を各自で用意する。（　　）

（二） 次の各組の——線の漢字の読みをひらがなで書きなさい。 (10) 1×10

1 とれた果実でジャムを作る。（　　）
2 自分の責任《せきにん》を果たす。（　　）

3 色とりどりの熱帯魚を見る。（　　）
4 着物の帯を少しゆるめる。（　　）

5 連続して決勝点をたたき出す。（　　）
6 入学の手続きをすませる。（　　）

7 三角形の底辺の長さをはかる。（　　）
8 なべの底が黒くこげる。（　　）

9 あと三本のねじが必要だ。（　　）
10 あの人は必ずやって来る。（　　）

（四） 次の上の漢字の太い画のところは筆順の何画目か、下の漢字の総《そう》画数は何画か、算用数字（1、2、3…）で答えなさい。 (10) 1×10

〈例〉正（3）—字（6）

1 変（　　）
2 功（　　）
3 初（　　）
4 法（　　）
5 労（　　）

6 完（　　）
7 阜（　　）
8 願（　　）
9 衣（　　）
10 旗（　　）

（五） 次の漢字の読みは、音読み（ア）ですか、訓読み（イ）ですか。記号で答えなさい。 (20) 2×10

〈例〉力《ちから》 →（イ）

1 飛《ひ》（　　）（　　）—6 単《たん》（　　）

10 大臣の発言に注目が集まる。（　　）

11 冬季オリンピックが開かれる。（　　）

12 円満な家庭をきずく。（　　）

13 自動車学校の教官をつとめる。（　　）

14 寒冷前線が日本に近づく。（　　）

15 和室での正しい作法を習う。（　　）

16 花びんに一輪のバラをさす。（　　）

17 くじ引きの景品をもらう。（　　）

18 選手が好プレーを連発する。（　　）

19 このレンズの口径は大きい。（　　）

20 焼け石に水（　　）

（三）次の――線のカタカナに合う漢字をえらんで記号で答えなさい。

(20) 2×10

1 上級生としての自カクを持つ。（ア 各　イ 覚　ウ 角）（　　）

2 おだやかな気コウにめぐまれる。（ア 候　イ 康　ウ 功）（　　）

3 重ヨウな問題について話し合う。（ア 用　イ 陽　ウ 要）（　　）

4 外国人にエイ語で話しかける。（ア 栄　イ 英　ウ 泳）（　　）

5 チョウ度品を買いそろえる。（ア 兆　イ 調　ウ 帳）（　　）

6 世界の国キがかざられている。（ア 旗　イ 器　ウ 記）（　　）

7 友人からのデン言を聞く。（ア 電　イ 田　ウ 伝）（　　）

8 レストランの席を予ヤクする。（ア 役　イ 約　ウ 薬）（　　）

9 商店ガイの魚屋で買い物をする。（ア 街　イ 害　ウ 外）（　　）

10 全国から人が集ケツする。（ア 結　イ 決　ウ 欠）（　　）

2 達《たつ》（　　）（　　）

3 札《さつ》（　　）（　　）

4 束《たば》（　　）（　　）

5 不《ふ》（　　）（　　）

7 牧《ぼく》（　　）（　　）

8 夫《おっと》（　　）（　　）

9 養《よう》（　　）（　　）

10 孫《そん》（　　）（　　）

（六）後の□の中のひらがなを漢字になおして、意味が反対や対《つい》になることば（対義《ぎ》語）を書きなさい。□の中のひらがなは一度だけ使い、漢字一字を書きなさい。

(10) 2×5

〈例〉室内 ―― 室（外）

1 流動 ―― （　　）定

2 年始 ―― 年（　　）

3 有料 ―― （　　）料

4 高地 ―― （　　）地

5 始発 ―― （　　）着

こ・しゅう・む・てい・まつ

（七）次の――線のカタカナを○の中の漢字と送りがな（ひらがな）で書きなさい。 (14) 2×7

〈例〉㊣ タダシイ字を書く。（正しい）

1 ㊀満 バケツに水をミタス。（　　）

2 ㊀改 自分の悪い所をアラタメル。（　　）

3 ㊀挙 教会で結こん式をアゲル。（　　）

4 ㊀焼 パンがこんがりとヤケル。（　　）

5 ㊀選 話し合いで代表者をエラブ。（　　）

6 ㊀加 少し塩をクワエル。（　　）

7 ㊀清 キヨイ心を持っている。（　　）

（九）次の――線のカタカナを漢字になおして書きなさい。 (16) 2×8

1 会社の上シにめぐまれる。（　　）

2 シ名を明らかにする。（　　）

3 ケン全な生活を送る。（　　）

4 高いビルがケン設《せっ》される。（　　）

5 カ物列車で木材を運ぶ。（　　）

6 朝のジョギングを日カにする。（　　）

7 キュウ料日が待ち遠しい。（　　）

8 相手の要キュウにしたがう。（　　）

（十）次の――線のカタカナを漢字になおして書きなさい。 (40) 2×20

1 しかられて深く反セイする。（　　）

2 アツい湯をポットに入れる。（　　）

3 いよいよ勝ハイが決まる。（　　）

4 トクに変わった所はない。（　　）

5 イの中のカワズになるな。（　　）

6 ニチョウ円の予算を組む。（　　）

7 今日はやや気温がヒクい。（　　）

8 心の底から残ネンに思う。（　　）

9 家族でハツもうでに出かける。（　　）

10 社員が労ドウ組合をつくる。（　　）

（八） 次の**部首**の**なかま**の**漢字**で□にあてはまる**漢字一字**を書きなさい。 (20) 2×10

〈例〉イ（にんべん）

[体]《たい》力・工[作]《さく》

ア 糸（いとへん）

沖[1]《なわ》・新[2]《りょく》・[3]《きゅう》水車

（1　　）（2　　）（3　　）

イ 貝（かい・こがい）

[4]《が》正・勝[5]《ぶ》・売[6]《ばい》

（4　　）（5　　）（6　　）

ウ 刂（りっとう）

有[7]《り》・[8]《ふく》業・整[9]《れつ》

[10]《ぜん》進

（7　　）（8　　）（9　　）

（10　　）

（十） 上の漢字と下の□の中の漢字を組み合わせて**二字のじゅく語**を**二つ作り**、**記号**で答えなさい。 (20) 2×10

〈例〉校 ［ア門 イ学 ウ海 エ体 オ読］ [イ/校] [校/ア]

一、側 ［ア必 イ面 ウ失 エ両 オ量］ [1/側] [側/2] （1　　）（2　　）

二、貨 ［ア通 イ出 ウ車 エ産 オ結］ [貨/3] [4/貨] （3　　）（4　　）

三、灯 ［ア害 イ明 ウ倉 エ約 オ消］ [5/灯] [灯/6] （5　　）（6　　）

四、産 ［ア業 イ折 ウ省 エ名 オ説］ [7/産] [産/8] （7　　）（8　　）

五、案 ［ア思 イ包 ウ察 エ内 オ満］ [案/9] [10/案] （9　　）（10　　）

11 電気の使用**リョウ**金をはらう。（　　）

12 品物の**シュ**類がたくさんある。（　　）

13 市**ミン**会館に全員集まる。（　　）

14 毎日メダカを観**サツ**する。（　　）

15 まん画を読んで大**ワラ**いする。（　　）

16 白い**グン**手をはめて作業する。（　　）

17 これはあまり**ガイ**はない。（　　）

18 **ユウ**気ある行動をたたえる。（　　）

19 **ゲイ**は身を助ける。（　　）

20 **ム**理が通れば道理が引っこむ（　　）

予想模擬テスト 9

答えには、常用《じょうよう》漢字の旧《きゅう》字体や表外漢字および常用漢字音訓表以外の読みを使ってはいけない。

時間 60分
合かく点 140/200
得点

（一）次の――線の漢字の読みをひらがなで書きなさい。 (20) 1×20

1 残り物で料理を作る。（　　）
2 心強い味方が加わる。（　　）
3 話し合いが熱気を帯びる。（　　）
4 不意の出来事にあわてる。（　　）
5 日を改めてお礼に出向く。（　　）
6 四色のインクで本を刷る。（　　）
7 強い口調で説きふせる。（　　）
8 競泳の大会が行われる。（　　）
9 道路からの照り返しが強い。（　　）

（二）次の各組の――線の漢字の読みをひらがなで書きなさい。 (10) 1×10

1 グラウンドを一周走る。（　　）
2 地球は太陽の周りを回る。（　　）

3 利益《えき》を追求する。（　　）
4 助けを求める。（　　）

5 試験の結果が知らされる。（　　）
6 二つの点を直線で結ぶ。（　　）

7 清流に魚が泳いでいる。（　　）
8 山の清らかな空気をすいこむ。（　　）

9 いすの高さを調節する。（　　）
10 青竹の節を小刀で取る。（　　）

（四）次の上の漢字の太い画のところは筆順の何画目か、下の漢字の総《そう》画数は何画か、算用数字（1、2、3…）で答えなさい。 (10) 1×10

〈例〉正（3）―字（6）

1 便（　　）
2 置（　　）
3 改（　　）
4 極（　　）
5 果（　　）

6 類（　　）
7 選（　　）
8 録（　　）
9 積（　　）
10 浴（　　）

（五）次の漢字の読みは、音読み（ア）ですか、訓読み（イ）ですか。記号で答えなさい。 (20) 2×10

〈例〉力《ちから》→（イ）

1 害《がい》（　　）― 6 望《ぼう》（　　）

10 学校で友達に冷やかされる。（　　）

11 その人は博学で知られている。（　　）

12 高校の入学願書を出す。（　　）

13 あたたかい衣服に着がえる。（　　）

14 愛鳥週間のポスターをかく。（　　）

15 悲観的に物事をとらえる。（　　）

16 大きな仕事を成しとげる。（　　）

17 その老人は明治の生まれだ。（　　）

18 先生にほめられて光栄に思う。（　　）

19 キリスト教徒が集会を行う。（　　）

20 道具を倉庫にしまう。（　　）

(三) 次の——線の**カタカナ**に合う**漢字**をえらんで**記号**で答えなさい。 (20) 2×10

1 体の調子は**リョウ**好である。（ア良　イ料　ウ量）（　　）

2 大会の場所や日時は**ミ**定だ。（ア身　イ味　ウ未）（　　）

3 全校**ジ**童で集会をする。（ア治　イ次　ウ児）（　　）

4 **エン**分を取りすぎない。（ア園　イ円　ウ塩）（　　）

5 それは**ホウ**的に禁《きん》じられている。（ア方　イ法　ウ包）（　　）

6 相手がおこるのも当**ゼン**だ。（ア然　イ全　ウ前）（　　）

7 病気のため休**ヨウ**をとる。（ア要　イ用　ウ養）（　　）

8 海**テイ**に船がしずんでいる。（ア底　イ低　ウ庭）（　　）

9 母はとても手先が**キ**用だ。（ア機　イ希　ウ器）（　　）

10 家族そろってタ**ハン**を食べる。（ア反　イ飯　ウ半）（　　）

2 好《こう》（　　）（　　）

3 関《かん》（　　）（　　）

4 漁《りょう》（　　）（　　）

5 側《かわ》（　　）（　　）

7 巣《す》（　　）（　　）

8 司《し》（　　）（　　）

9 建《けん》（　　）（　　）

10 材《ざい》（　　）（　　）

(六) 後の□の中のひらがなを漢字になおして、意味が反対や対《つい》になることば（対義語《ぎ》）を書きなさい。□の中のひらがなは**一度だけ**使い、**漢字一字**を書きなさい。 (10) 2×5

〈例〉室内 —— 室（外）

1 主食 ——（　　）食

2 冷水 ——（　　）水

3 楽観 ——（　　）観

4 終点 ——（　　）点

5 特有 ——（　　）通

おん・き・きょう・ふく・ひ

（七） 次の——線のカタカナを○の中の漢字と送りがな（ひらがな）で書きなさい。 (14) 2×7

〈例〉 ㊣ タダシイ字を書く。 （正しい）

1 ㊫ 図書館で本をカリル。 （　　）

2 ㊮ 屋根の上に雪がツモル。 （　　）

3 ㊬ 弟をツレテ遊びに行く。 （　　）

4 ㊭ 古い寺におマイリをする。 （　　）

5 ㊯ 毎日ねる前に体重をハカル。 （　　）

6 ㊰ シズカナ部屋で勉強する。 （　　）

7 ㊬ 街道に民家がツラナル。 （　　）

（九） 次の——線のカタカナを漢字になおして書きなさい。 (16) 2×8

1 馬の出サンに立ち会う。 （　　）

2 グループを解《かい》サンする。 （　　）

3 岐フ県まで仕事で行く。 （　　）

4 京都フの北側に日本海がある。 （　　）

5 毎日、節ヤクに努める。 （　　）

6 ミュージカルの主ヤクに選ばれる。 （　　）

7 電車のダイヤがカイ正される。 （　　）

8 図書館のカイ館は九時だ。 （　　）

（十） 次の——線のカタカナを漢字になおして書きなさい。 (40) 2×20

1 あの人はシン用できる人だ。 （　　）

2 祖《そ》父にはマゴが五人いる。 （　　）

3 地中の水道カンがはれつする。 （　　）

4 百円未マンはいりません。 （　　）

5 矢ジルシを使った図で表す。 （　　）

6 健コウ的な毎日を送る。 （　　）

7 教室でシュク勝会をする。 （　　）

8 ハジめて建物の中へ入る。 （　　）

9 今まででサイ高の出来だった。 （　　）

10 赤組が白組にヤブれる。 （　　）

(八) 次の部首のなかまの漢字で□にあてはまる漢字一字を書きなさい。 (20) 2×10

〈例〉イ（にんべん）　[体]《たい》力・工[作]《さく》

ア　言（ごんべん）

会[1]《ぎ》・[2]《し》合・[3]《せつ》明

（1　　）（2　　）（3　　）

イ　イ（にんべん）

労[4]《どう》・[5]《べん》利・二[6]《おく》円

（4　　）（5　　）（6　　）

ウ　木（きへん）

機[7]《かい》・[8]《ひょう》語・[9]《さつ》束

北[10]《きょく》

（7　　）（8　　）（9　　）

（10　　）

(十) 上の漢字と下の□の中の漢字を組み合わせて二字のじゅく語を二つ作り、記号で答えなさい。 (20) 2×10

〈例〉校　[ア門　イ学　ウ海　エ体　オ読]　[イ校]　[校ア]

一、塩　[ア説　イ岩　ウ希　エ養　オ田]　[1塩]　[塩2]　（1　　）（2　　）

二、鏡　[ア台　イ夫　ウ手　エ続　オ位]　[鏡3]　[4鏡]　（3　　）（4　　）

三、衣　[ア良　イ失　ウ白　エ省　オ服]　[5衣]　[衣6]　（5　　）（6　　）

四、静　[ア以　イ安　ウ観　エ不　オ散]　[7静]　[静8]　（7　　）（8　　）

五、菜　[ア黄　イ種　ウ巣　エ青　オ管]　[菜9]　[10菜]　（9　　）（10　　）

---

11 **カタ**いきずなで結ばれている。（　　）

12 大きな**タテ**物がそびえ立つ。（　　）

13 この**アタ**りには広い公園がない。（　　）

14 妹といっしょに**オ**り紙をする。（　　）

15 きびしい言葉を**ア**びせられる。（　　）

16 仕事に対する不**マン**をもらす。（　　）

17 母の思いが子に**ツタ**わる。（　　）

18 左手の薬指に指**ワ**をはめる。（　　）

19 **ナ**い物ねだりをしても仕方がない。（　　）

20 夜中の三時に目が**サ**める。（　　）

予想模擬テスト ⑩

答えには、常用《じょうよう》漢字の旧《きゅう》字体や表外漢字および常用漢字音訓表以外の読みを使ってはいけない。

時間 60分

合かく点 140/200

得点

（一） 次の——線の漢字の読みをひらがなで書きなさい。 (20) 1×20

1 最後まであきらめずに戦う。（　）

2 楽隊がにぎやかに入場する。（　）（　）

3 倉の中から品物を取り出す。（　）（　）

4 犬を連れて道を歩く。（　）（　）

5 このプールは浅くて泳ぎにくい。（　）（　）

6 母犬が出産した。（　）

7 兄と競い合う。（　）

8 見事に目標を達成する。（　）（　）

9 電子メールを送信する。（　）（　）

（二） 次の各組の——線の漢字の読みをひらがなで書きなさい。 (10) 1×10

1 米の品種を改良する。（　）

2 良い品物を安く売る。（　）

3 庭に倉庫がある。（　）

4 倉の中で遊ぶ。（　）

5 肉を食べて栄養をつける。（　）

6 家族を養うために働く。（　）

7 お寺に仏像を安置する。（　）

8 置き手紙をして外出する。（　）

9 クラス全員で合唱する。（　）

10 低い声で念仏を唱える。（　）

（四） 次の上の漢字の太い画のところは筆順の何画目か、下の漢字の総《そう》画数は何画か、算用数字（1、2、3…）で答えなさい。 (10) 1×10

〈例〉正（3）—字（6）

1 芽（　）（　）

2 康（　）（　）

3 巣（　）（　）

4 別（　）（　）

5 飛（　）（　）

6 求（　）（　）

7 刷（　）（　）

8 印（　）（　）

9 戦（　）（　）

10 働（　）（　）

（五） 次の漢字の読みは、音読み（ア）ですか、訓読み（イ）ですか。記号で答えなさい。 (20) 2×10

〈例〉力《ちから》 → （イ）

1 府《ふ》（　）（　）— 6 然《ねん》（　）（　）

10 名札を安全ピンでとめる。（　）
11 飼《か》いねこが子ねこを三びき産む。（　）
12 息をすって気持ちを静める。（　）
13 両手に一本ずつ旗を持つ。（　）
14 研究結果から考察する。（　）
15 みんなに笑われた。（　）
16 風でさくらの花びらが散る。（　）
17 広場で記念祝典が開かれる。（　）
18 細い管から空気を送る。（　）
19 昨年と同じ服を着る。（　）
20 帯に短したすきに長し（　）

(三) 次の――線のカタカナに合う漢字をえらんで記号で答えなさい。 (20) 2×10

1 古い機カン車が走っている。（ア 間　イ 関　ウ 官）（　）
2 高い完成度を要キュウする。（ア 求　イ 級　ウ 究）（　）
3 未セイ年者の飲酒は禁《きん》じられている。（ア 省　イ 静　ウ 成）（　）
4 大会に出るセン手が決まる。（ア 戦　イ 線　ウ 選）（　）
5 相手の行いにコウ感を持つ。（ア 好　イ 候　ウ 康）（　）
6 運動会で徒キョウ走が行われる。（ア 協　イ 共　ウ 競）（　）
7 強い口調で命レイする。（ア 礼　イ 令　ウ 例）（　）
8 来年のカレンダーを印サツする。（ア 札　イ 察　ウ 刷）（　）
9 相手に荷物を送フする。（ア 付　イ 不　ウ 府）（　）
10 魚がくさってヘン色する。（ア 辺　イ 返　ウ 変）（　）

2 梅《うめ》（　）
3 老《ろう》（　）
4 井《い》（　）
5 末《まつ》（　）
7 梨《なし》（　）
8 共《きょう》（　）
9 希《き》（　）
10 底《そこ》（　）

(六) 後の□の中のひらがなを漢字になおして、意味が反対や対《つい》になることば（対義《ぎ》語）を書きなさい。□の中のひらがなは一度だけ使い、漢字一字を書きなさい。 (10) 2×5

〈例〉室内 ―― 室（外）

1 温める ――（　）やす
2 客車 ――（　）車
3 全体 ――（　）分
4 高温 ――（　）温
5 平行 ―― 交（　）

か・ひ・さ・ぶ・てい

(七) 次の――線のカタカナを○の中の漢字と送りがな(ひらがな)で書きなさい。 (14) 2×7

〈例〉㊣ タダシイ字を書く。 (正しい)

1 (飛) 空に小鳥をトバス。 (　　)
2 (治) きず口のいたみがオサマル。 (　　)
3 (変) 引っこしをして住所がカワル。 (　　)
4 (失) 大切にしていた物をウシナウ。 (　　)
5 (周) 湖のマワリの風景を楽しむ。 (　　)
6 (加) コーヒーにさとうをクワエル。 (　　)
7 (老) 年を取って体がオイル。 (　　)

(九) 次の――線のカタカナを漢字になおして書きなさい。 (16) 2×8

1 有名なカン光地へ出かける。 (　　)
2 長い物語がカン結する。 (　　)
3 先生にブ礼なふるまいをする。 (　　)
4 工場で自動車のブ品を作る。 (　　)
5 ひざの関セツがひどくいたむ。 (　　)
6 二つ目の信号で左セツする。 (　　)
7 寒ショの差がはげしい。 (　　)
8 当ショの予定を修《しゅう》正する。 (　　)

(十) 次の――線のカタカナを漢字になおして書きなさい。 (40) 2×20

1 イバラ城県のいとこと会う。 (　　)
2 ト歩で小学校に通う。 (　　)
3 テキ確な指示を出す。 (　　)
4 ツバメがスを作る。 (　　)
5 カりたお金は返そう。 (　　)
6 あちこちにゴミがチらばる。 (　　)
7 ゴミを分ベツして出す。 (　　)
8 母は近所の店でハタラいている。 (　　)
9 先生はネツ意にあふれている。 (　　)
10 問題を解《かい》決しようとツトめる。 (　　)

(八) 次の部首のなかまの漢字で□にあてはまる漢字一字を書きなさい。 (20) 2×10

〈例〉 亻（にんべん） 体《たい》力・工作《さく》

ア 禾（のぎへん）
1《せき》雪・2《びょう》速・菜3《たね》
（1　　）（2　　）（3　　）

イ 金（かねへん）
4《てつ》道・記5《ろく》・手6《かがみ》
（4　　）（5　　）（6　　）

ウ 氵（さんずい）
不7《りょう》・8《よく》室・9《せい》流・10《な》き虫
（7　　）（8　　）（9　　）（10　　）

(十) 上の漢字と下の□の中の漢字を組み合わせて二字のじゅく語を二つ作り、記号で答えなさい。 (20) 2×10

〈例〉 校　ア門　イ学　ウ海　エ体　オ読
イ校　校ア

一、席　ア機　イ順　ウ飯　エ客　オ信
1席　席2　（1　　）（2　　）

二、貨　ア銀　イ物　ウ博　エ望　オ司
貨3　4貨　（3　　）（4　　）

三、労　ア佐　イ争　ウ働　エ苦　オ動
5労　労6　（5　　）（6　　）

四、便　ア位　イ乗　ウ隊　エ要　オ不
7便　便8　（7　　）（8　　）

五、利　ア参　イ辺　ウ用　エ勝　オ勉
利9　10利　（9　　）（10　　）

11 心から子どもの幸せを**ネガ**う。（　　）
12 小さい方から**ジュン**にならべる。（　　）
13 やったかどうか**オボ**えがない。（　　）
14 **ハイ**者復《ふっ》活戦に出場する。（　　）
15 外国で**ゲイ**術《じゅつ》の勉強をする。（　　）
16 父と母は**ナカ**が良い。（　　）
17 クラスで**モット**も身長が高い。（　　）
18 選挙で国会**ギ**員に選ばれる。（　　）
19 **ノコ**り時間が一分になる。（　　）
20 失敗は成**コウ**のもと（　　）

予想模擬テスト ⑪

答えには、常用漢字《じょうよう》の旧《きゅう》字体や表外漢字および常用漢字音訓表以外の読みを使ってはいけない。

時間 60分

合かく点 140/200

得点

（一）次の——線の漢字の読みをひらがなで書きなさい。 (20) 1×20

1 またとない機会に出くわす。（　）

2 節水のため雨水をためる。（　）

3 かなり遠浅の海岸だ。（　）

4 物語から教訓を読み取ろう。（　）

5 あの人は有名な画家の子孫だ。（　）

6 郡部に住む祖《そ》母から手紙が来た。（　）

7 発芽した種を観察する。（　）

8 有名な古典作品に親しむ。（　）

9 初めに前菜を注文する。（　）

（二）次の各組の——線の漢字の読みをひらがなで書きなさい。 (10) 1×10

1 宮城県は太平洋に面している。（　）
2 一年後、とうとう落城した。（　）

3 まどから海が一望できる。（　）
4 最後まで望みを持ち続ける。（　）

5 それは周知の事実である。（　）
6 建物の周りを走る。（　）

7 三角形は三つの辺から成る。（　）
8 休日に海辺の町へ出かける。（　）

9 サッカーの地区予選が行われる。（　）
10 クラスの代表者に選ばれる。（　）

（四）次の上の漢字の太い画のところは筆順の何画目か、下の漢字の総《そう》画数は何画か、算用数字（1、2、3…）で答えなさい。 (10) 1×10

〈例〉正（3）―字（6）

1 料（　）―6 競（　）

2 械（　）―7 熊（　）

3 良（　）―8 験（　）

4 井（　）―9 芸（　）

5 辺（　）―10 席（　）

（五）次の漢字の読みは、音読み（ア）ですか、訓読み（イ）ですか。記号で答えなさい。 (20) 2×10

〈例〉力《ちから》 → （イ）

1 参《さん》（　）（　）―6 静《しず》（　）（　）

10 牛乳を愛飲している。（　　）
11 黄色い菜の花がさいている。（　　）
12 テスト用紙に氏名を記入する。（　　）
13 残金をすべて使い果たす。（　　）
14 だれにもまねのできない芸当だ。（　　）
15 角材を注意深く組み立てる。（　　）
16 選挙の争点を明らかにする。（　　）
17 急に自転車が失速する。（　　）
18 事実を知って号泣する。（　　）
19 競輪選手がインタビューに答える。（　　）
20 文化功労者が表しょうされる。（　　）

（三） 次の——線のカタカナに合う漢字をえらんで記号で答えなさい。 (20) 2×10

1 秋になりガイ路樹《じゅ》の葉が落ちる。（ア 害　イ 外　ウ 街）（　　）
2 兄は友人をカン全に信じ切っている。（ア 官　イ 完　ウ 管）（　　）
3 セツ分に家族で豆まきをする。（ア 節　イ 説　ウ 雪）（　　）
4 国語ジ典のページを開く。（ア 児　イ 治　ウ 辞）（　　）
5 北国からわたり鳥がヒ来する。（ア 飛　イ 皮　ウ 悲）（　　）
6 ビールの原リョウは麦である。（ア 量　イ 料　ウ 良）（　　）
7 日本コ有の伝統文化。（ア 固　イ 庫　ウ 古）（　　）
8 念ガンのゲーム機を手にする。（ア 顔　イ 願　ウ 元）（　　）
9 世界の主ヨウな都市を覚える。（ア 養　イ 様　ウ 要）（　　）
10 これは天ネンの石で出来ている。（ア 念　イ 然　ウ 年）（　　）

---

2 固《こ》（　　）
3 最《さい》（　　）
4 貨《か》（　　）
5 便《べん》（　　）
7 挙《きょ》（　　）
8 念《ねん》（　　）
9 札《ふだ》（　　）
10 鏡《きょう》（　　）

（六） 後の□の中のひらがなを漢字になおして、意味が反対や対《つい》になることば（対義語《ぎ》）を書きなさい。□の中のひらがなは一度だけ使い、漢字一字を書きなさい。 (10) 2×5

〈例〉室内 —— 室（外）

1 幸運 ——（　）運
2 声楽 ——（　）楽
3 単発 ——（　）発
4 （　）北 —— 勝利
5 白昼 ——（　）夜

はい・き・しん・れん・ふ

(七) 次の――線のカタカナを○の中の漢字と送りがな(ひらがな)で書きなさい。 (14) 2×7

〈例〉 ㊣ タダシイ字を書く。 (正しい)

1 ㊊ 戦 チーム一丸となってタタカウ。 ( )
2 固 この辺りは地面がカタイ。 ( )
3 願 子どもの幸せをネガウ。 ( )
4 建 となりの土地に家をタテル。 ( )
5 散 好き勝手に部屋をチラカス。 ( )
6 覚 七時ちょうどに目をサマス。 ( )
7 帯 話が真実味をオビル。 ( )

(九) 次の――線のカタカナを漢字になおして書きなさい。 (16) 2×8

1 投ヒョウで学級委員を決める。 ( )
2 夏休みの目ヒョウを立てる。 ( )
3 けがが治るまでアン静にする。 ( )
4 テストの答アン用紙に記入する。 ( )
5 本だなのソク面に色をぬる。 ( )
6 約ソクの時間におくれる。 ( )
7 新しい薬のケン究をする。 ( )
8 科学者が実ケンを重ねる。 ( )

(十) 次の――線のカタカナを漢字になおして書きなさい。 (40) 2×20

1 ダンボール箱をツみ上げる。 ( )
2 風の力をリ用して発電する。 ( )
3 ツメたい水で顔をあらう。 ( )
4 新聞記者が取ザイをする。 ( )
5 サク夜はとても寒かった。 ( )
6 大事な会ギが開かれる。 ( )
7 グン隊がきびしい訓練をする。 ( )
8 列のジュン番をきちんと守る。 ( )
9 林でマツぼっくりを拾った。 ( )
10 ハツ日の出に感動する。 ( )

（八） 次の部首のなかまの漢字で□にあてはまる漢字一字を書きなさい。 (20) 2×10

〈例〉イ（にんべん） 体《たい》力・工作《さく》

ア 木（き） [1]《えい》光・成[2]《か》・花[3]《たば》

（1　　）（2　　）（3　　）

イ 口（くち） [4]《き》具・[5]《かく》自・[6]《もん》題

（4　　）（5　　）（6　　）

ウ イ（にんべん） 地[7]《い》・[8]《しゃっ》金・天[9]《こう》・[10]《けん》康

（7　　）（8　　）（9　　）（10　　）

（十） 上の漢字と下の□の中の漢字を組み合わせて二字のじゅく語を二つ作り、記号で答えなさい。 (20) 2×10

〈例〉校 ［ア門 イ学 ウ海 エ体 オ読］ イ校　校ア

一、差 ［ア願 イ別 ウ井 エ位 オ時］ 1差　差2 （1　　）（2　　）

二、害 ［ア水 イ必 ウ約 エ悪 オ運］ 害3　4害 （3　　）（4　　）

三、観 ［ア果 イ楽 ウ省 エ輪 オ光］ 5観　観6 （5　　）（6　　）

四、熱 ［ア中 イ発 ウ泣 エ無 オ下］ 7熱　熱8 （7　　）（8　　）

五、伝 ［ア器 イ自 ウ文 エ記 オ良］ 伝9　10伝 （9　　）（10　　）

11 夏のイ類の整理をする。（　　）

12 布《ぬの》を切ってハタを作る。（　　）

13 自転車のアイ好家が集まる。（　　）

14 キ望の光が見えてきた。（　　）

15 母が車の助手セキにすわる。（　　）

16 父が仕事の書ルイを持ち帰る。（　　）

17 こつこつとドカをする。（　　）

18 心静かにお経《きょう》をトナえる。（　　）

19 このギョ場ではイワシがとれる。（　　）

20 両手をひざの上にオく。（　　）

予想模擬テスト ⑫

答えには、常用《じょうよう》漢字の旧《きゅう》字体や表外漢字および常用漢字音訓表以外の読みを使ってはいけない。

時間 60分

合かく点 140/200

得点

(一) 次の――線の漢字の読みをひらがなで書きなさい。 (20) 1×20

1 川の水温が低下する。（　）

2 学芸会の出し物を決める。（　）

3 車のエンジンを入念に調べる。（　）

4 小さいころから英才教育を受ける。（　）

5 健全に成長しているね。（　）

6 たくさんの人たちに祝福される。（　）

7 図書室で民話の本を読む。（　）

8 辞意を表明する。（　）

9 塩をまいてげん関を清める。（　）

(二) 次の各組の――線の漢字の読みをひらがなで書きなさい。 (10) 1×10

1 自治会の活動に参加する。（　）

2 市民の暴《ぼう》動を治める。（　）

3 的外れな答えになった。（　）

4 希望的観測のようだ。（　）

5 失笑を買ってしまった。（　）

6 笑い事ではないよ。（　）

7 あの人には勇気がある。（　）

8 勇ましいたいこの音がする。（　）

9 食事の量を調節する。（　）

10 たまごの重さを量る。（　）

(四) 次の上の漢字の太い画のところは筆順の何画目か、下の漢字の総《そう》画数は何画か、算用数字（1、2、3…）で答えなさい。 (10) 1×10

〈例〉正（3）―字（6）

1 博（　）（　）

2 争（　）（　）

3 管（　）（　）

4 固（　）（　）

5 求（　）（　）

6 種（　）（　）

7 試（　）（　）

8 機（　）（　）

9 特（　）（　）

10 養（　）（　）

(五) 次の漢字の読みは、音読み（ア）ですか、訓読み（イ）ですか。記号で答えなさい。 (20) 2×10

〈例〉力《ちから》 →（イ）

1 説《せつ》（　）（　）―6 街《まち》（　）（　）

10 観客からため息がもれる。（　　）
11 犬の首輪をはずしてやる。（　　）
12 電力のむだ使いを省く。（　　）
13 チョウの標本を見せてもらう。（　　）
14 漢字は中国から伝来した。（　　）
15 世間の関心がとても高い。（　　）
16 新商品の開発に努める。（　　）
17 市議会の議員に当選する。（　　）
18 父に会社の辞令が下る。（　　）
19 遠くに灯台の明かりが見える。（　　）
20 類は友をよぶ（　　）

(三) 次の——線の**カタカナ**に合う**漢字**をえらんで**記号**で答えなさい。 (20) 2×10

1 明日はバレーボールのシ合がある。（ア 試　イ 氏　ウ 司）（　　）
2 和室に**キョウ**台が置いてある。（ア 京　イ 強　ウ 鏡）（　　）
3 南東から**キ**節風がふいている。（ア 旗　イ 季　ウ 期）（　　）
4 作文の題名が**ケツ**落した。（ア 決　イ 欠　ウ 結）（　　）
5 円の直**ケイ**を物差しではかる。（ア 径　イ 形　ウ 計）（　　）
6 必ず投**ヒョウ**に行こう。（ア 票　イ 標　ウ 表）（　　）
7 家庭**サイ**園でトマトを育てる。（ア 祭　イ 菜　ウ 最）（　　）
8 友人の父は外交**カン**だ。（ア 官　イ 完　ウ 管）（　　）
9 コメの品**シュ**改良をする。（ア 守　イ 種　ウ 取）（　　）
10 父の**エイ**転が決まる。（ア 栄　イ 英　ウ 泳）（　　）

2 置《ち》（　　）
3 辺《べ》（　　）
4 無《ぶ》（　　）
5 栃《とち》（　　）
7 徒《と》（　　）
8 省《しょう》（　　）
9 利《り》（　　）
10 陸《りく》（　　）

(六) 後の□の中のひらがなを漢字になおして、意味が反対や対《つい》になることば（対義《ぎ》語）を書きなさい。□の中のひらがなは**一度だけ**使い、**漢字一字**を書きなさい。 (10) 2×5

〈例〉室内 —— 室（外）

1 連勝 —— 連（　）
2 立体 —— 平（　）
3 運動 ——（　）止
4 文明 ——（　）開
5 終末 —— 当（　）

しょ・せい・ぱい・み・めん

（七）次の——線のカタカナを○の中の漢字と送りがな（ひらがな）で書きなさい。 (14) 2×7

〈例〉㊣ タダシイ字を書く。（正しい）

1 (折) 色えんぴつのしんがオレル。（　）

2 (伝) 友人に自分の気持ちをツタエル。（　）

3 (改) 古いやり方がアラタマル。（　）

4 (冷) 縁日《えんにち》の夜店をヒヤカス。（　）

5 (辺) 日が落ちてアタリが暗くなる。（　）

6 (熱) アツイ緑茶を湯のみに注ぐ。（　）

7 (浴) 心ない言葉をアビセル。（　）

（九）次の——線のカタカナを漢字になおして書きなさい。 (16) 2×8

1 いくつかの事レイをしょうかいする。（　）
2 社長が部下に命レイする。（　）

3 三分イ内で問題に答える。（　）
4 マラソン大会で五イになる。（　）

5 つかまえた虫を観サツする。（　）
6 紙に絵と文字を印サツする。（　）

7 活動へのキョウ力をよびかける。（　）
8 多くの人のキョウ感を集める。（　）

（十）次の——線のカタカナを漢字になおして書きなさい。 (40) 2×20

1 百メートルキョウ走に出場する。（　）

2 のどかな風ケイが広がっている。（　）

3 図形の面セキを計算する。（　）

4 大会の新記ロクが生まれる。（　）

5 そんなことは朝メシ前だ。（　）

6 兄が大学を受ケンする。（　）

7 学校でひなんクン練があった。（　）

8 母のキョウ台を使う。（　）

9 祖《そ》母にコウ物のメロンを送る。（　）

10 トラックで多くの荷物を配タツする。（　）

(八) 次の部首のなかまの漢字で□にあてはまる漢字一字を書きなさい。 (20) 2×10

〈例〉 イ(にんべん)
体《たい》力・工作《さく》

ア 木(き)
1《み》来・年2《まつ》・3《あん》内
(1　　)(2　　)(3　　)

イ 大(だい)
4《ふ》人・消5《しつ》・中6《おう》
(4　　)(5　　)(6　　)

ウ 十(じゅう)
7《はん》面・8《そつ》業・9《はく》学
10《きょう》議
(7　　)(8　　)(9　　)
(10　　)

(十) 上の漢字と下の□の中の漢字を組み合わせて二字のじゅく語を二つ作り、記号で答えなさい。 (20) 2×10

〈例〉 校　ア門　イ学　ウ海　エ体　オ読
イ校　校ア

一、信　ア令　イ器　ウ通　エ用　オ案
1信　信2
(1　　)(2　　)

二、冷　ア命　イ塩　ウ寒　エ害　オ灯
冷3　4冷
(3　　)(4　　)

三、兆　ア無　イ望　ウ候　エ印　オ吉
5兆　兆6
(5　　)(6　　)

四、説　ア命　イ明　ウ側　エ化　オ伝
7説　説8
(7　　)(8　　)

五、加　ア倉　イ入　ウ覚　エ以　オ追
加9　10加
(9　　)(10　　)

11 クラス全員の名前をオボえる。(　　)
12 気温のヘン化をグラフに表す。(　　)
13 エレベーターがマン員になる。(　　)
14 夏の太陽がテりつける。(　　)
15 ギョ港に船が帰ってくる。(　　)
16 サイ新のニュースを放送する。(　　)
17 熱タイでとれたフルーツを食べる。(　　)
18 はり金をワの形にする。(　　)
19 ギョーザの皮で具をツツむ。(　　)
20 ねこの手もカりたい(　　)

予想模擬テスト ⑬

答えには、常用《じょうよう》漢字の旧《きゅう》字体や表外漢字および常用漢字音訓表以外の読みを使ってはいけない。

時間 60分

合かく点 140/200

得点

（一）次の——線の漢字の読みをひらがなで書きなさい。（20）1×20

1 あと一歩のところで敗れる。（　　）

2 未完成の絵を仕上げる。（　　）

3 優《ゆう》勝校の校旗が上がる。（　　）

4 街角の屋台で花を売る。（　　）

5 練習してずいぶん上達した。（　　）

6 農家から野菜が直送される。（　　）

7 鹿児島の海で漁をする。（　　）

8 初めて課長となる。（　　）

9 着物の帯を固くしめる。（　　）

（二）次の各組の——線の漢字の読みをひらがなで書きなさい。（10）1×10

1 近所の老人に話を聞く。（　　）

2 祖《そ》父は老いても元気である。（　　）

3 市民会館で成人式が行われる。（　　）

4 この物語は三つの章から成る。（　　）

5 強固な意志《し》をもち続ける。（　　）

6 マグマが冷えて固まる。（　　）

7 トマトに食塩をふりかける。（　　）

8 この梅ぼしは塩味がきつい。（　　）

9 コーラスの低音をたん当する。（　　）

10 川の水温が低くなる。（　　）

（四）次の上の漢字の太い画のところは筆順の何画目か、下の漢字の総《そう》画数は何画か、算用数字（1、2、3…）で答えなさい。（10）1×10

〈例〉正（3）—字（6）

1 輪（　　）

2 包（　　）

3 辞（　　）

4 満（　　）

5 無（　　）

6 康（　　）

7 副（　　）

8 量（　　）

9 票（　　）

10 類（　　）

（五）次の漢字の読みは、音読み（ア）ですか、訓読み（イ）ですか。記号で答えなさい。（20）2×10

〈例〉力《ちから》 → （イ）

1 争《そう》（　　）—6 良《りょう》（　　）

10 木の芽の天ぷらを食べる。（　　）

11 部下が上司に相談する。（　　）

12 育児でいそがしい毎日を送る。（　　）

13 今日は国語の授《じゅ》業が無い。（　　）

14 銀行で新札にかえてもらう。（　　）

15 テーブルの上に本を置く。（　　）

16 グループ内の結束を強める。（　　）

17 市で最も古い工場をたずねる。（　　）

18 交通事故《こ》を未然にふせぐ。（　　）

19 車道の両側に歩道がある。（　　）

20 父は争いごとを好まない。（　　）

(三) 次の——線のカタカナに合う漢字をえらんで記号で答えなさい。 (20) 2×10

1 学校でキュウ食を食べる。（ア 給　イ 求　ウ 級）（　　）

2 サイ大限《げん》の努力をする。（ア 祭　イ 菜　ウ 最）（　　）

3 国家間で友コウ関係をきずく。（ア 功　イ 好　ウ 候）（　　）

4 小学校までト歩で十分かかる。（ア 徒　イ 戸　ウ 図）（　　）

5 大リョウの商品が売れ残る。（ア 量　イ 良　ウ 料）（　　）

6 つくえといすをコ定する。（ア 古　イ 庫　ウ 固）（　　）

7 百科事テンは面白い。（ア 天　イ 点　ウ 典）（　　）

8 山中で軍タイが訓練をしている。（ア 帯　イ 隊　ウ 対）（　　）

9 祖《そ》父の日カは朝の散歩だ。（ア 課　イ 果　ウ 加）（　　）

10 地球をシュウ回する星がある。（ア 週　イ 周　ウ 州）（　　）

2 衣《い》（　　）

3 約《やく》（　　）

4 節《ふし》（　　）

5 飯《めし》（　　）

7 愛《あい》（　　）

8 孫《まご》（　　）

9 別《べつ》（　　）

10 包《ほう》（　　）

(六) 後の□の中のひらがなを漢字になおして、意味が反対や対《つい》になることば(対義語《ぎ》)を書きなさい。□の中のひらがなは一度だけ使い、漢字一字を書きなさい。 (10) 2×5

〈例〉室内 —— 室（外）

1 起立 —— 着（　　）

2 直線 ——（　　）線

3 休息 ——（　　）働

4 入学 ——（　　）業

5 期待 ——（　　）望

せき・ろう・きょく・しつ・そつ

(七) 次の——線のカタカナを○の中の漢字と送りがな(ひらがな)で書きなさい。 (14) 2×7

〈例〉㊣タダシイ字を書く。(正しい)

1 (続)友人から話のツヅキを聞く。( )
2 (連)親分が子分を引きツレル。( )
3 (養)本物を見る目をヤシナウ。( )
4 (残)未来に大きな課題をノコス。( )
5 (別)駅のホームでおばとワカレル。( )
6 (果)一日中歩いてつかれハテル。( )
7 (照)先生にほめられてテレル。( )

(九) 次の——線のカタカナを漢字になおして書きなさい。 (16) 2×8

1 とれたミカンをセン別する。( )
2 勝つための作センを立てる。( )
3 日照りで水がフ足する。( )
4 指先に黒いインクがフ着する。( )
5 遠くで船の汽テキが聞こえる。( )
6 父の予想がテキ中する。( )
7 自分のケッ点に気づかされる。( )
8 調べたケッ果をノートにまとめる。( )

(十) 次の——線のカタカナを漢字になおして書きなさい。 (40) 2×20

1 大サカ城公園でジョギングをする。( )
2 木にくものスがはっている。( )
3 ネガいをこめて子どもに名を付ける。( )
4 音楽室の楽キを鳴らす。( )
5 世界にルイを見ない例だ。( )
6 地方のトク産品を買い求める。( )
7 成功のためのロウ力をおしまない。( )
8 兄は体力には自シンがある。( )
9 ベルトの長さを調セツする。( )
10 食事を五分イ内で食べ終える。( )

（八） 次の部首のなかまの漢字で□にあてはまる漢字一字を書きなさい。 (20) 2×10

〈例〉亻（にんべん）　体《たい》力・工作《さく》

ア　亻（にんべん）
1《れい》題・2《でん》言・3《なか》直り
（1　　）（2　　）（3　　）

イ　八（は・はち）
4《へい》隊・辞5《てん》・6《きょう》通
（4　　）（5　　）（6　　）

ウ　木（きへん）
7《き》会・8《ざい》木・目9《ひょう》
10《しょう》竹梅
（7　　）（8　　）（9　　）
（10　　）

（十） 上の漢字と下の□の中の漢字を組み合わせて二字のじゅく語を二つ作り、記号で答えなさい。 (20) 2×10

〈例〉校　ア門　イ学　ウ海　エ体　オ読
イ校　校ア

一、念　ア頭　イ顔　ウ言　エ季　オ信
1念　念2　（1　　）（2　　）

二、初　ア昨　イ栄　ウ当　エ節　オ回
初3　4初　（3　　）（4　　）

三、連　ア関　イ信　ウ族　エ改　オ続
5連　連6　（5　　）（6　　）

四、果　ア給　イ実　ウ料　エ欠　オ成
7果　果8　（7　　）（8　　）

五、参　ア持　イ高　ウ郡　エ加　オ位
参9　10参　（9　　）（10　　）

11 月のミち欠けを観察する。（　　）
12 町のチ安が悪化する。（　　）
13 会場のざわめきが急にシズまる。（　　）
14 今月のスエには開店となる。（　　）
15 健コウのために体をきたえる。（　　）
16 町中にうわさがトび交《か》う。（　　）
17 通行止めで不ベンな思いをする。（　　）
18 円の半ケイをはかる。（　　）
19 次はカナラず約束を守る。（　　）
20 器カイ体そうを習い始める。（　　）

資料1

部首をまちがえやすい漢字

（部首の下の漢字は、その部首に所属《ぞく》する漢字で、ほかの部首にまちがえやすいもの）

画数	部首	漢字	名まえ
1	丶	主	てん
1	ノ	乗	の・はらいぼう
1	亅	事予争	はねぼう
2	ハ	具兵	は
2	刂	前副利	りっとう
2	力	勝功努	ちから
2	十	南協卒	じゅう
2	凵	出	うけばこ
2	刀	分初	かたな
2	匕	北化	ひ
2	ム	去	む
2	又	取反	また
3	口	右台商命問司周	くち
3	土	城埼	つちへん
3	夕	多夜	た・ゆうべ
3	子	学季	こ
3	寸	寺	すん
3	干	年幸	かん・いちじゅう
3	大	天央奈失夫	だい
3	山	岐崎	やまへん
3	巾	帰希席帯	はば
3	弓	弱弟	ゆみ
4	心	愛念	こころ
4	手	才挙	て
4	攵	整放敗	のぶん・ぼくづくり
4	斗	料	とます
4	日	昼景	ひ
4	木	楽業案束	き
4	欠	次	あくび・かける
5	田	画申由	た
5	目	直真相	め
6	羊	着美	ひつじ
6	耳	聞	みみ
6	肉	育	にく
6	衣	表	ころも
7	貝	買賀貨負	かい・こがい
8	隹	集	ふるとり
9	食	養	しょく
11	鳥	鳴	とり

同じ読みのじゅく語・漢字

同音異義語

◇意外・以外
◇会心・改心・改新
◇回転・開店
◇回答・解答
◇解放・開放
◇街灯・街頭
◇化学・科学
◇完工・感光・観光
◇関心・感心
◇完治・感知・関知
◇機運・気運
◇機会・器械・機械
◇器官・気管・期間・機関
◇起工・帰港・紀行
◇気性・記章・希少
◇休息・球速・急速
◇競争・競走
◇共同・協同・協働
◇訓示・訓辞
◇血行・決行
◇原始・原子・原紙
◇公海・公開
◇公正・後世・後生・校正
◇公定・校庭・高低
◇細心・最新
◇思案・試案
◇時期・時機・次期・時季
◇市場・紙上・試乗
◇時世・自省
◇辞典・事典・字典・次点・自転
◇氏名・使命・指名
◇少数・小数
◇初期・所期・書記
◇所用・所要
◇人口・人工
◇深長・新調
◇生産・清算
◇成長・生長・成鳥・声調
◇対照・大勝
◇追求・追究
◇年頭・念頭
◇不要・不用

同訓異字

◇あう（会う・合う）
◇あからむ（赤らむ・明らむ）
◇あがる（上がる・挙がる）
◇あける（空ける・明ける・開ける）
◇あつい（暑い・熱い）
◇うまれる（生まれる・産まれる）
◇おう（負う・追う）
◇かえる（返る・帰る・変える・代える）
◇かく（書く・欠く）
◇かみ（上・紙・神）
◇かわ（川・皮）
◇き（木・黄）
◇きる（切る・着る）
◇さす（指す・差す）
◇さます（冷ます・覚ます）
◇たつ（立つ・建つ）
◇たま（玉・球）
◇つく（着く・付く）
◇とも（友・共）
◇なおす（直す・治す）
◇なか（中・仲）
◇なく（鳴く・泣く）
◇なる（鳴る・成る）
◇ね（音・根）
◇のぼる（上る・登る）
◇は（羽・葉・歯）
◇はかる（計る・量る）
◇はじめ（始め・初め）
◇はやい（早い・速い）
◇はな（花・鼻）
◇はなす（話す・放す）
◇ひ（日・火）
◇ま（間・真）
◇まるい（円い・丸い）
◇まわり（回り・周り）
◇み（身・実）
◇め（目・芽）
◇もの（者・物）
◇よ（夜・世）
◇わかれる（分かれる・別れる）

「日本漢字能力検定」の受検の申し込み方法や検定実施日など，検定の詳細につきましては，「日本漢字能力検定協会」ホームページなどをご参照ください。
　また，本書に関する最新情報は，当社ホームページにある本書の「サポート情報」をご覧ください。(開設していない場合もございます。)

漢字検定 7級 ピタリ！予想模試〔三訂版〕

編著者　絶対合格プロジェクト
発行者　岡　本　明　剛
印刷所　ユ　ニ　ッ　ク　ス
発行所　受験研究社

〒550-0013 大阪市西区新町２丁目19番15号
注文・不良品などについて：(06)6532-1581(代表)／本の内容について：(06)6532-1586(編集)

Printed in Japan　高廣製本
落丁・乱丁本はお取り替えします。

ひっぱると，はずして使えます。

漢字検定

ピタリ！
予想模試
7級

解答編

予想模擬テスト❶

標準解答

2ページ〜5ページ

(一) 読み (20)

1	2	3	4	5	6	7	8	9	10
か	しっぱい	おきなわ	えひめ	さんみゃく	はた	きろ	くま	さくや	いばらき

(二) 読み (10)

1	2	3	4	5	6	7	8	9	10
れんきゅう	つら	しゅくじつ	いわ	ぼうえんきょう	かがみ	さいご	もっと	でんごん	つた

(四) 画数 (10)

1	2	3	4	5	6	7	8	9	10
何画目					総《そう》画数				
7	9	8	7	3	15	12	12	11	15

(五) 音読み・訓読み (20)

1	2	3
イ	ア	ア

(七) 漢字と送りがな (14)

1	2	3	4	5	6	7
付ける	笑う	別れる	努める	清める	争う	試みる

(九) 同じ読みの漢字 (16)

1	2	3	4	5	6	7	8
街	害	康	好	季	器	節	説

(十) 漢字 (40)

1	2	3	4	5	6	7	8	9	10
仲	良	覚	浴	束	芽	管	博	埼	特

20	19	18	17	16	15	14	13	12	11
はぶ	もと	きょうぎ	えいよう	まわ	とうひょう	ふし	ほうぼく	かた	かんち

(三) 漢字えらび (20)

10	9	8	7	6	5	4	3	2	1
ア	ア	ウ	イ	ウ	ウ	ウ	イ	ア	ア

10	9	8	7	6	5	4
ア	ア	イ	イ	ア	イ	ア

(六) 対義《ぎ》語 (10)

5	4	3	2	1
然	達	無	満	差

(八) 同じ部首の漢字 (20)

ウ				イ			ア		
10	9	8	7	6	5	4	3	2	1
兆	元	児	兄	無	照	然	訓	談	課

(十) じゅく語作り (20)

五		四		三		二		一	
10	9	8	7	6	5	4	3	2	1
イ	ア	ア	エ	オ	ウ	ウ	オ	エ	ウ

20	19	18	17	16	15	14	13	12	11
漁	低	類	飯	菜	置	願	阪	岡	労

予想模擬テスト❷

標準解答

6ページ〜9ページ

(一) 読み (20)

1	2	3	4	5	6	7	8	9	10
まご	きょうどう	かのこ	ふじん	ぶきみ	だいじん	しるし	かか	さか	ち

(二) 読み (10)

1	2	3	4	5	6	7	8	9	10
にっしょう	て	さんか	くわ	いち	くらい	さいしょ	はじ	かんかく	おぼ

(四) 画数 (10)

何画目					総《そう》画数				
1	2	3	4	5	6	7	8	9	10
7	4	3	2	2	13	7	5	12	5

(五) 音読み・訓読み (20)

1	2	3
イ	イ	イ

(七) 漢字と送りがな (14)

1	2	3	4	5	6	7
望む	働く	敗れる	冷たい	関わる	必ず	勇ましい

(九) 同じ読みの漢字 (16)

1	2	3	4	5	6	7	8
底	低	老	労	司	試	候	好

(十) 漢字 (40)

1	2	3	4	5	6	7	8	9	10
飛	札	競	治	焼	塩	泣	械	飯	残

20	19	18	17	16	15	14	13	12	11
ねん	きぼう	かなめ	りょう	こっき	な	さんかん	なら	とな	は

(三) 漢字えらび (20)

10	9	8	7	6	5	4	3	2	1
ウ	ウ	ア	イ	ウ	イ	ア	ウ	イ	イ

10	9	8	7	6	5	4
ア	イ	ア	ア	ア	ア	ア

(六) 対義《ぎ》語 (10)

5	4	3	2	1
戦	浅	有	散	完

(八) 同じ部首の漢字 (20)

ウ				イ			ア		
10	9	8	7	6	5	4	3	2	1
英	芸	菜	芽	府	康	庭	約	結	続

(十) じゅく語作り (20)

五		四		三		二		一	
10	9	8	7	6	5	4	3	2	1
エ	イ	オ	ア	ウ	ア	エ	イ	オ	エ

20	19	18	17	16	15	14	13	12	11
笑	例	城	各	側	極	借	功	改	養

予想模擬テスト③

標準解答

10ページ～13ページ

(一) 読み (20)

1	2	3	4	5	6	7	8	9	10
かんさつ	あ	えら	しそん	そつぎょう	なし	けいばじょう	おっと	あらた	じてん

(二) 読み (10)

1	2	3	4	5	6	7	8	9	10
うせつ	お	せいし	しず	さんりんしゃ	わ	べんり	たよ	かいすいよく	あ

(四) 画数 (10)

1	2	3	4	5	6	7	8	9	10
何画目					総《そう》画数				
2	1	8	1	10	7	9	9	9	15

(五) 音読み・訓読み (20)

1	2	3
ア	ア	イ

(七) 漢字と送りがな (14)

1	2	3	4	5	6	7
加わる	冷やす	最も	欠ける	産んだ	連ねる	続ける

(九) 同じ読みの漢字 (16)

1	2	3	4	5	6	7	8
栄	英	帯	隊	席	積	勇	有

(十) 漢字 (40)

1	2	3	4	5	6	7	8	9	10
種	札	満	陸	結	議	城	伝	無	大阪府

20	19	18	17	16	15	14	13	12	11
はた	かちょう	はか	わら	しか	まと	たぐ	きゅうじん	かんしん	この

(三) 漢字えらび (20)

10	9	8	7	6	5	4	3	2	1
ウ	イ	ア	イ	ウ	ア	ウ	イ	ア	ウ

10	9	8	7	6	5	4
ア	イ	イ	ア	ア	ア	イ

(六) 対義語《ぎ》 (10)

5	4	3	2	1
辺	良	末	熱	昨

(八) 同じ部首の漢字 (20)

ウ				イ			ア		
10	9	8	7	6	5	4	3	2	1
敗	放	散	改	徳	徒	径	園	固	図

(十) じゅく語作り (20)

五		四		三		二		一	
10	9	8	7	6	5	4	3	2	1
イ	オ	ア	エ	オ	エ	ウ	イ	イ	エ

20	19	18	17	16	15	14	13	12	11
求	松	失	積	包	順	健	残	別	材

予想模擬テスト④

標準解答 14ページ～17ページ

(一) 読み (20)

10	9	8	7	6	5	4	3	2	1
きよ	がいちゅう	と	たたか	きゅうりょう	ふくしょく	お	こうき	かた	かがみ

(二) 読み (10)

10	9	8	7	6	5	4	3	2	1
わか	べつじん	ねが	ねんがん	のこ	ざんきん	まち	しがいち	あつ	はつねつ

(四) 画数 (10)

10	9	8	7	6	5	4	3	2	1
総《そう》画数					何画目				
10	8	8	12	9	3	2	6	7	4

(五) 音読み・訓読み (20)

3	2	1
イ	イ	イ

(七) 漢字と送りがな (14)

7	6	5	4	3	2	1
冷まし	唱える	覚える	初めて	群れる	照らす	例えば

(九) 同じ読みの漢字 (16)

8	7	6	5	4	3	2	1
帯	隊	械	改	産	参	賀	芽

(十) 漢字 (40)

10	9	8	7	6	5	4	3	2	1
利	好	験	的	争	倉	梅	包	必	続

11	12	13	14	15	16	17	18	19	20
しず	さが	あた	さ	とみ	つ	ぐんぶ	けつまつ	とく	しんるい

(三) 漢字えらび (20)

1	2	3	4	5	6	7	8	9	10
イ	イ	ウ	ウ	ア	ウ	ウ	イ	ア	ウ

4	5	6	7	8	9	10
ア	イ	ア	イ	ア	ア	ア

(六) 対義《ぎ》語 (10)

1	2	3	4	5
徒	笑	好	満	私

(八) 同じ部首の漢字 (20)

ア			イ			ウ			
1	2	3	4	5	6	7	8	9	10
労	加	功	管	箱	節	沖	泳	浴	法

(十) じゅく語作り (20)

一		二		三		四		五	
1	2	3	4	5	6	7	8	9	10
オ	イ	イ	エ	ウ	エ	ア	オ	ウ	エ

11	12	13	14	15	16	17	18	19	20
飛	以	茨	巣	底	便	兵	法	特	折

予想模擬テスト⑤

標準解答

18ページ～21ページ

(一) 読み (20)

1	2	3	4	5	6	7	8	9	10
くら	でんぴょう	かお	す	はんけい	ふくい	とも	まと	にいがた	さ

(二) 読み (10)

1	2	3	4	5	6	7	8	9	10
かんけい	せきしょ	はん	あさめしまえ	やくそく	たば	ねんどまつ	すえ	せんえんさつ	ふだ

(四) 画数 (10)

何画目					総《そう》画数				
1	2	3	4	5	6	7	8	9	10
9	9	3	3	10	5	6	6	12	8

(五) 音読み・訓読み (20)

1	2	3
ア	イ	ア

(七) 漢字と送りがな (14)

1	2	3	4	5	6	7
治る	求める	果たす	固まる	栄える	好み	伝わる

(九) 同じ読みの漢字 (16)

1	2	3	4	5	6	7	8
要	養	福	副	静	清	帳	兆

(十) 漢字 (40)

1	2	3	4	5	6	7	8	9	10
協	仲	未	各	材	位	灯	録	案	令

20	19	18	17	16	15	14	13	12	11
お	ぎふ	しょうちくばい	はか	ひょうご	かしん	あんしょう	はくがく	てんねん	のぞ

（三）漢字えらび（20）

10	9	8	7	6	5	4	3	2	1
ア	ウ	イ	ア	ウ	イ	ア	イ	ウ	ア

10	9	8	7	6	5	4
イ	ア	ア	ア	イ	ア	ア

（六）対義語《ぎ》（10）

5	4	3	2	1
敗	散	塩	不	特

（八）同じ部首の漢字（20）

ウ				イ			ア		
10	9	8	7	6	5	4	3	2	1
隊	陸	階	院	物	牧	特	類	顔	願

（十）じゅく語作り（20）

五		四		三		二		一	
10	9	8	7	6	5	4	3	2	1
エ	ウ	オ	イ	エ	ア	イ	オ	ア	エ

20	19	18	17	16	15	14	13	12	11
季	然	種	億	敗	置	無	包	達	念

予想模擬テスト 6

標準解答

22ページ～25ページ

(一) 読み (20)

10	9	8	7	6	5	4	3	2	1
りんしょう	つ	せんべつ	きせい	ひ	ほうあん	ぼくようけん	ふべん	ゆうり	はんけい

(二) 読み (10)

10	9	8	7	6	5	4	3	2	1
か	しゃくようしょ	めじるし	いんじ	め	はつが	こころ	しあい	あらた	かいさつぐち

(四) 画数 (10)

10	9	8	7	6	5	4	3	2	1
総《そう》画数					何画目				
8	7	8	11	9	4	5	4	3	3

(五) 音読み・訓読み (20)

3	2	1
ア	イ	イ

(七) 漢字と送りがな (14)

7	6	5	4	3	2	1
必ず	結び	便り	挙がる	唱える	祝う	覚める

(九) 同じ読みの漢字 (16)

8	7	6	5	4	3	2	1
走	争	菜	最	希	旗	特	徳

(十) 漢字 (40)

10	9	8	7	6	5	4	3	2	1
差	軍	初	氏	争	刷	愛	周	府	梅

20	19	18	17	16	15	14	13	12	11
りょうやく	たと	ぎかい	な	きょうだい	でんたつ	ふしぎ	まい	すばこ	きょしゅ

(三) 漢字えらび (20)

10	9	8	7	6	5	4	3	2	1
ア	イ	ア	ウ	ア	ウ	ウ	イ	ア	ウ

10	9	8	7	6	5	4
ア	イ	ア	イ	ア	イ	ア

(六) 対義語《ぎ》 (10)

5	4	3	2	1
副	功	冷	欠	陸

(八) 同じ部首の漢字 (20)

ウ				イ			ア		
10	9	8	7	6	5	4	3	2	1
治	満	漁	消	飲	飯	館	官	察	害

(十) じゅく語作り (20)

五		四		三		二		一	
10	9	8	7	6	5	4	3	2	1
エ	イ	ア	エ	オ	ア	ウ	エ	エ	イ

20	19	18	17	16	15	14	13	12	11
固	包	械	付	散	周	陸	熱	芸	料

予想模擬テスト7 標準解答

26ページ～29ページ

(一) 読み (20)

1	2	3	4	5	6	7	8	9	10
きかい	す	まと	きんか	ひょうご	はくさい	ついか	よやく	かんそう	あ

(二) 読み (10)

1	2	3	4	5	6	7	8	9	10
けんこく	た	けっかん	くだ	けってん	か	えいこう	さか	しゅもく	たねび

(四) 画数 (10)

	1	2	3	4	5	6	7	8	9	10
	何画目					総《そう》画数				
	8	5	4	4	9	9	7	13	10	12

(五) 音読み・訓読み (20)

1	2	3
ア	ア	ア

(七) 漢字と送りがな (14)

1	2	3	4	5	6	7
残る	浅い	包ん	固める	省く	浴びる	低い

(九) 同じ読みの漢字 (16)

1	2	3	4	5	6	7	8
童	働	量	料	課	果	変	辺

(十) 漢字 (40)

1	2	3	4	5	6	7	8	9	10
連	器	児	昨	浴	末	健	失	底	議

20	19	18	17	16	15	14	13	12	11
まわ	かいりょう	しかがわ	やぶ	ひょうてき	いさ	やくぶん	たんしん	かんよう	たね

（三）漢字えらび（20）

10	9	8	7	6	5	4	3	2	1
イ	ウ	ア	ウ	ア	ウ	ア	イ	ア	ウ

10	9	8	7	6	5	4
イ	ア	イ	イ	ア	イ	ア

（六）対義《ぎ》語（10）

5	4	3	2	1
続	積	治	康	登

（八）同じ部首の漢字（20）

ウ				イ			ア		
10	9	8	7	6	5	4	3	2	1
選	達	連	辺	急	念	想	側	便	信

（十）じゅく語作り（20）

五		四		三		二		一	
10	9	8	7	6	5	4	3	2	1
エ	ア	ウ	オ	エ	イ	ア	イ	エ	イ

20	19	18	17	16	15	14	13	12	11
便	冷	老	卒	求	然	努	輪	清	陸

予想模擬テスト 8

標準解答

30ページ～33ページ

(一) 読み (20)

1	2	3	4	5	6	7	8	9	10
とも	せっすい	いわ	なお	この	くん	きょうてい	かこう	かくじ	だいじん

(二) 読み (10)

1	2	3	4	5	6	7	8	9	10
かじつ	は	ねったいぎょ	おび	れんぞく	てつづ	ていへん	そこ	ひつよう	かなら

(四) 画数 (10)

1	2	3	4	5	6	7	8	9	10
何画目					総《そう》画数				
3	5	3	4	4	7	8	19	6	14

(五) 音読み・訓読み (20)

1	2	3
ア	ア	ア

(七) 漢字と送りがな (14)

1	2	3	4	5	6	7
満たす	改める	挙げる	焼ける	選ぶ	加える	清い

(九) 同じ読みの漢字 (16)

1	2	3	4	5	6	7	8
司	氏	健	建	貨	課	給	求

(十) 漢字 (40)

1	2	3	4	5	6	7	8	9	10
省	熱	敗	特	井	兆	低	念	初	働

20	19	18	17	16	15	14	13	12	11
や	こうけい	れんぱつ	けいひん	いちりん	さほう	かんれい	きょうかん	えんまん	とうき

(三) 漢字えらび (20)

10	9	8	7	6	5	4	3	2	1
ア	ア	イ	ウ	ア	イ	イ	ウ	ア	イ

10	9	8	7	6	5	4
ア	ア	イ	ア	ア	ア	イ

(六) 対義語《ご》 (10)

5	4	3	2	1
終	低	無	末	固

(八) 同じ部首の漢字 (20)

ウ				イ			ア		
10	9	8	7	6	5	4	3	2	1
前	列	副	利	買	負	賀	給	緑	縄

(十) じゅく語作り (20)

五		四		三		二		一	
10	9	8	7	6	5	4	3	2	1
ア	エ	ア	エ	イ	オ	ア	ウ	イ	エ

20	19	18	17	16	15	14	13	12	11
無	芸	勇	害	軍	笑	察	民	種	料

予想模擬テスト⑨

標準解答

34ページ～37ページ

（一）読み（20）

1	2	3	4	5	6	7	8	9	10
のこ	くわ	お	ふい	あらた	す	と	きょうえい	て	ひ

（二）読み（10）

1	2	3	4	5	6	7	8	9	10
いっしゅう	まわ	ついきゅう	もと	けっか	むす	せいりゅう	きよ	ちょうせつ	ふし

（四）画数（10）

何画目					総《そう》画数				
1	2	3	4	5	6	7	8	9	10
8	5	6	6	5	18	15	16	16	10

（五）音読み・訓読み（20）

1	2	3
ア	ア	ア

（七）漢字と送りがな（14）

1	2	3	4	5	6	7
借りる	積もる	連れて	参り	量る	静かな	連なる

（九）同じ読みの漢字（16）

1	2	3	4	5	6	7	8
産	散	阜	府	約	役	改	開

（十）漢字（40）

1	2	3	4	5	6	7	8	9	10
信	孫	管	満	印	康	祝	初	最	敗

11	12	13	14	15	16	17	18	19	20
はくがく	がんしょ	いふく	あいちょう	ひかんてき	な	めいじ	こうえい	きょうと	そうこ

(三) 漢字えらび (20)

1	2	3	4	5	6	7	8	9	10
ア	ウ	ウ	ウ	イ	ア	ウ	ア	ウ	イ

4	5	6	7	8	9	10
ア	イ	ア	イ	ア	ア	ア

(六) 対義《ぎ》語 (10)

1	2	3	4	5
副	温	悲	起	共

(八) 同じ部首の漢字 (20)

ア			イ			ウ			
1	2	3	4	5	6	7	8	9	10
議	試	説	働	便	億	械	標	札	極

(十) じゅく語作り (20)

一		二		三		四		五	
1	2	3	4	5	6	7	8	9	10
イ	オ	ア	ウ	ウ	オ	イ	ウ	イ	エ

11	12	13	14	15	16	17	18	19	20
固	建	辺	折	浴	満	伝	輪	無	覚

予想模擬テスト⑩

標準解答

38ページ～41ページ

(一) 読み (20)

1	2	3	4	5	6	7	8	9	10
たたか	がくたい	くら	つ	あさ	しゅっさん	きそ	たっせい	そうしん	なふだ

(二) 読み (10)

1	2	3	4	5	6	7	8	9	10
かいりょう	よ	そうこ	くら	えいよう	やしな	あんち	お	がっしょう	とな

(四) 画数 (10)

	1	2	3	4	5	6	7	8	9	10
	何画目					総《そう》画数				
	5	10	8	5	1	7	8	6	13	13

(五) 音読み・訓読み (20)

1	2	3
ア	イ	ア

(七) 漢字と送りがな (14)

1	2	3	4	5	6	7
飛ばす	治まる	変わる	失う	周り	加える	老いる

(九) 同じ読みの漢字 (16)

1	2	3	4	5	6	7	8
観	完	無	部	節	折	暑	初

(十) 漢字 (40)

1	2	3	4	5	6	7	8	9	10
茨	徒	的	巣	借	散	別	働	熱	努

20	19	18	17	16	15	14	13	12	11
おび	さくねん	くだ	しゅくてん	ち	わら	こうさつ	はた	しず	う

(三) 漢字えらび (20)

10	9	8	7	6	5	4	3	2	1
ウ	ア	ウ	イ	ウ	ア	ウ	ウ	ア	イ

10	9	8	7	6	5	4
イ	ア	ア	イ	ア	ア	イ

(六) 対義《ぎ》語 (10)

5	4	3	2	1
差	低	部	貨	冷

(八) 同じ部首の漢字 (20)

ウ				イ			ア		
10	9	8	7	6	5	4	3	2	1
泣	清	浴	漁	鏡	録	鉄	種	秒	積

(十) じゅく語作り (20)

五		四		三		二		一	
10	9	8	7	6	5	4	3	2	1
エ	ウ	イ	オ	ウ	エ	ア	イ	イ	エ

20	19	18	17	16	15	14	13	12	11
功	残	議	最	仲	芸	敗	覚	順	願

予想模擬テスト ⑪

標準解答

42ページ～45ページ

(一) 読み (20)

1	2	3	4	5	6	7	8	9	10
きかい	せっすい	とおあさ	きょうくん	しそん	ぐんぶ	はつが	こてん	ぜんさい	あいいん

(二) 読み (10)

1	2	3	4	5	6	7	8	9	10
みやぎ	らくじょう	いちぼう	のぞ	しゅうち	まわ	へん	うみべ	よせん	えら

(四) 画数 (10)

1	2	3	4	5	6	7	8	9	10
何画目					総《そう》画数				
3	6	6	3	3	20	14	18	7	10

(五) 音読み・訓読み (20)

1	2	3
ア	ア	ア

(七) 漢字と送りがな (14)

1	2	3	4	5	6	7
戦う	固い	願う	建てる	散らかす	覚ます	帯びる

(九) 同じ読みの漢字 (16)

1	2	3	4	5	6	7	8
票	標	安	案	側	束	研	験

(十) 漢字 (40)

1	2	3	4	5	6	7	8	9	10
積	利	冷	材	昨	議	軍	順	松	初

11	12	13	14	15	16	17	18	19	20
な	しめい	ざんきん	げいとう	かくざい	そうてん	しっそく	ごうきゅう	けいりん	こうろうしゃ

(三) 漢字えらび (20)

1	2	3	4	5	6	7	8	9	10
ウ	イ	ア	ウ	ア	イ	ア	イ	ウ	イ

4	5	6	7	8	9	10
ア	ア	イ	ア	ア	イ	ア

(六) 対義《ぎ》語 (10)

1	2	3	4	5
不	器	連	敗	深

(八) 同じ部首の漢字 (20)

ア			イ			ウ			
1	2	3	4	5	6	7	8	9	10
栄	果	束	器	各	問	位	借	候	健

(十) じゅく語作り (20)

一		二		三		四		五	
1	2	3	4	5	6	7	8	9	10
オ	イ	エ	ア	イ	オ	イ	ア	エ	イ

11	12	13	14	15	16	17	18	19	20
衣	旗	愛	希	席	類	努	唱	漁	置

予想模擬テスト⑫ 標準解答

46ページ〜49ページ

(一) 読み (20)

10	9	8	7	6	5	4	3	2	1
かんきゃく	きよ	じい	みんわ	しゅくふく	けんぜん	えいさい	にゅうねん	がくげいかい	ていか

(二) 読み (10)

10	9	8	7	6	5	4	3	2	1
はか	りょう	いさ	ゆうき	わら	しっしょう	きぼうてき	まとはず	おさ	じちかい

(五) 音読み・訓読み (20)

3	2	1
イ	ア	ア

(四) 画数 (10)

10	9	8	7	6	5	4	3	2	1
総《そう》画数					何画目				
15	10	16	13	14	7	8	10	6	9

(七) 漢字と送りがな (14)

7	6	5	4	3	2	1
浴びせる	熱い	辺り	冷やかす	改まる	伝える	折れる

(九) 同じ読みの漢字 (16)

8	7	6	5	4	3	2	1
共	協	刷	察	位	以	令	例

(十) 漢字 (40)

10	9	8	7	6	5	4	3	2	1
達	好	鏡	訓	験	飯	録	積	景	競

20	19	18	17	16	15	14	13	12	11
るい	とうだい	じれい	とうせん	つと	かんしん	でんらい	ひょうほん	はぶ	くびわ

(三) 漢字えらび (20)

10	9	8	7	6	5	4	3	2	1
ア	イ	ア	イ	ア	ア	イ	イ	ウ	ア

10	9	8	7	6	5	4
ア	ア	ア	ア	イ	イ	ア

(六) 対義《ぎ》語 (10)

5	4	3	2	1
初	末	静	面	敗

(八) 同じ部首の漢字 (20)

ウ				イ			ア		
10	9	8	7	6	5	4	3	2	1
協	博	卒	半	央	失	夫	案	末	未

(十) じゅく語作り (20)

五		四		三		二		一	
10	9	8	7	6	5	4	3	2	1
オ	イ	イ	オ	ウ	オ	ウ	エ	エ	ウ

20	19	18	17	16	15	14	13	12	11
借	包	輪	帯	最	漁	照	満	変	覚

予想模擬テスト⑬

標準解答

50ページ～53ページ

(一) 読み (20)

1	2	3	4	5	6	7	8	9	10
やぶ	みかんせい	こうき	まちかど	じょうたつ	やさい	かごしま	かちょう	おび	め

(二) 読み (10)

1	2	3	4	5	6	7	8	9	10
ろうじん	お	せいじん	な	きょうこ	かた	しょくえん	しおあじ	ていおん	ひく

(四) 画数 (10)

1	2	3	4	5	6	7	8	9	10
何画目					総《そう》画数				
13	2	12	8	3	11	11	12	11	18

(五) 音読み・訓読み (20)

1	2	3
ア	ア	ア

(七) 漢字と送りがな (14)

1	2	3	4	5	6	7
続き	連れる	養う	残す	別れる	果てる	照れる

(九) 同じ読みの漢字 (16)

1	2	3	4	5	6	7	8
選	戦	不	付	笛	的	欠	結

(十) 漢字 (40)

1	2	3	4	5	6	7	8	9	10
阪	巣	願	器	類	特	労	信	節	以

11	12	13	14	15	16	17	18	19	20
じょうし	いくじ	な	しんさつ	お	けっそく	もっと	みぜん	りょうがわ	あらそ

（三）漢字えらび（20）

1	2	3	4	5	6	7	8	9	10
ア	ウ	イ	ア	ア	ウ	ウ	イ	ア	イ

4	5	6	7	8	9	10
イ	イ	ア	ア	イ	ア	ア

（六）対義《ぎ》語（10）

1	2	3	4	5
席	曲	労	卒	失

（八）同じ部首の漢字（20）

ア			イ			ウ			
1	2	3	4	5	6	7	8	9	10
例	伝	仲	兵	典	共	機	材	標	松

（十）じゅく語作り（20）

一		二		三		四		五	
1	2	3	4	5	6	7	8	9	10
オ	ア	オ	ウ	ア	オ	オ	イ	エ	ア

11	12	13	14	15	16	17	18	19	20
満	治	静	末	康	飛	便	径	必	械

7級配当漢字表

（——は中学校、太字は高校で学習する読み）

漢字	読み方	画数	部首
愛	アイ	13	心
案	アン	10	木
以	イ	5	人
衣	イ ころも	6	衣
位	イ くらい	7	亻
茨	いばら 茨城（いばらき）	9	艹
印	イン しるし	6	卩
英	エイ	8	艹
栄	エイ さか（える） は（え）・は（える）	9	木
媛	エン 愛媛（えひめ）	12	女
塩	エン しお	13	土
岡	おか 静岡（しずおか） 岡山（おかやま） 福岡（ふくおか）	8	山
億	オク	15	亻
加	カ くわ（える） くわ（わる）	5	力
果	カ は（たす） は（てる）・は（て）	8	木
貨	カ	11	貝
課	カ	15	言
芽	ガ め	8	艹
賀	ガ 滋賀（しが） 佐賀（さが）	12	貝
改	カイ あらた（める） あらた（まる）	7	攵
械	カイ	11	木
害	ガイ	10	宀
街	ガイ まち カイ	12	行
各	カク おのおの	6	口
覚	カク・おぼ（える） さ（ます） さ（める）	12	見
潟	かた 新潟（にいがた）	15	氵
完	カン	7	宀
官	カン	8	宀
管	カン くだ	14	⺮
関	カン せき かか（わる）	14	門
観	カン	18	見
願	ガン ねが（う）	19	頁
岐	キ 岐阜（ぎふ）	7	山
希	キ	7	巾
季	キ	8	子
旗	キ はた	14	方
器	キ うつわ	15	口
機	キ はた	16	木
議	ギ	20	言
求	キュウ もと（める）	7	水
泣	キュウ な（く）	8	氵
給	キュウ	12	糸
挙	キョ あ（げる） あ（がる）	10	手
漁	ギョ リョウ	14	氵
共	キョウ とも	6	八
協	キョウ	8	十
鏡	キョウ かがみ	19	金
競	キョウ・ケイ きそ（う） せ（る）	20	立
極	キョク・ゴク きわ（める） きわ（まる）・きわ（み）	12	木
熊	くま 熊本（くまもと）	14	灬

漢字	訓	軍	郡	群	径	景	芸	欠	結	建	健
読み方	クン	グン	グン	グン・む(れる) む(れ)・むら 群馬(ぐんま)	ケイ	ケイ	ゲイ	ケツ か(ける) か(く)	ケツ・むす(ぶ) ゆ(う) ゆ(わえる)	ケン た(てる)・た(つ) コン	ケン すこ(やか)
画数	10	9	10	13	8	12	7	4	12	9	11
部首	言	車	阝	羊	彳	日	艹	欠	糸	廴	亻

漢字	験	固	功	好	香	候	康	佐	差	菜	最
読み方	ケン ゲン	コ・かた(める) かた(まる) かた(い)	コウ ク	コウ この(む) す(く)	コウ・キョウ か・かお(り) かお(る) 香川(かがわ)	コウ そうろう	コウ	サ 佐賀(さが)	サ さ(す)	サイ な	サイ もっと(も)
画数	18	8	5	6	9	10	11	7	10	11	12
部首	馬	囗	力	女	香	亻	广	亻	工	艹	日

漢字	埼	材	崎	昨	札	刷	察	参	産	散	残
読み方	さい 埼玉(さいたま)	ザイ	さき 長崎(ながさき) 宮崎(みやざき)	サク	サツ ふだ	サツ す(る)	サツ	サン まい(る)	サン う(む) う(まれる)・うぶ	サン・ち(る) ち(らす)・ち(らかす) ち(らかる)	ザン のこ(る) のこ(す)
画数	11	7	11	9	5	8	14	8	11	12	10
部首	土	木	山	日	木	刂	宀	厶	生	攵	歹

漢字	氏	司	試	児	治	滋	辞	鹿	失	借	種
読み方	シ うじ	シ	シ こころ(みる) ため(す)	ジ ニ	ジ・チ おさ(める)・おさ(まる) なお(る)・なお(す)	ジ 滋賀(しが)	ジ や(める)	しか か 鹿児島(かごしま)	シツ うしな(う)	シャク か(りる)	シュ たね
画数	4	5	13	7	8	12	13	11	5	10	14
部首	氏	口	言	儿	氵	氵	辛	鹿	大	亻	禾

漢字	周	祝	順	初	松	笑	唱	焼	照	城	縄
読み方	シュウ まわ(り)	シュク いわ(う) シュウ	ジュン	ショ・はじ(め) はじ(めて)・はつ そ(める)・うい	ショウ まつ	わら(う) ショウ え(む)	ショウ とな(える)	や(く) や(ける) ショウ	ショウ て(る)・て(らす) て(れる)	ジョウ しろ 茨城(いばらき) 宮城(みやぎ)	ジョウ なわ 沖縄(おきなわ)
画数	8	9	12	7	8	10	11	12	13	9	15
部首	口	礻	頁	刀	木	⺮	口	火	灬	土	糸

漢字	読み方	画数	部首
臣	シン ジン	7	臣
信	シン	9	イ
井	セイ ショウ い 福井(ふくい)	4	二
成	セイ な(る)・な(す) ジョウ	6	戈
省	セイ・ショウ はぶ(く)・かえり(みる)	9	目
清	セイ・きよ(い) きよ(まる)・きよ(める) ショウ	11	氵
静	セイ・しず しず(か)・しず(まる) しず(める)・ジョウ	14	青
席	セキ	10	巾
積	セキ つ(む) つ(もる)	16	禾
折	セツ お(る)・おり お(れる)	7	扌
節	セツ ふし セチ	13	⺮
説	セツ と(く) ゼイ	14	言
浅	あさ(い) セン	9	氵
戦	セン たたか(う) いくさ	13	戈
選	セン えら(ぶ)	15	⻌
然	ゼン ネン	12	灬
争	ソウ あらそ(う)	6	亅
倉	ソウ くら	10	人
巣	す ソウ	11	⺍
束	ソク たば	7	木
側	ソク かわ	11	イ
続	ゾク つづ(く) つづ(ける)	13	糸
卒	ソツ	8	十
孫	ソン まご	10	子
帯	タイ お(びる) おび	10	巾
隊	タイ	12	阝
達	タツ	12	⻌
単	タン	9	⺍
置	チ お(く)	13	罒
仲	なか チュウ	6	イ
沖	チュウ おき 沖縄(おきなわ)	7	氵
兆	チョウ きざ(し) きざ(す)	6	儿
低	テイ・ひく(い) ひく(める) ひく(まる)	7	イ
底	テイ そこ	8	广
的	テキ まと	8	白
典	テン	8	八
伝	デン・つた(わる) つた(える) つた(う)	6	イ
徒	ト	10	彳
努	ド つと(める)	7	力
灯	トウ ひ	6	火
働	ドウ はたら(く)	13	イ
特	トク	10	牛
徳	トク 徳島(とくしま)	14	彳
栃	とち 栃木(とちぎ)	9	木
奈	ナ 神奈川(かながわ) 奈良(なら)	8	大
梨	なし 山梨(やまなし)	11	木
熱	ネツ あつ(い)	15	灬
念	ネン	8	心
敗	ハイ やぶ(れる)	11	攵
梅	バイ うめ	10	木
博	ハク バク	12	十
阪	ハン 大阪(おおさか)	7	阝
飯	ハン めし	12	食
飛	ヒ と(ぶ) と(ばす)	9	飛
必	ヒツ かなら(ず)	5	心

漢字	読み方	画数	部首
票	ヒョウ	11	示
標	ヒョウ	15	木
不	フ ブ	4	一
夫	フ おっと フウ	4	大
付	フ つ(ける) つ(く)	5	イ
府	フ	8	广
阜	フ 岐阜(ぎふ)	8	阜
富	フ・フウ と(む)・とみ 富山(とやま)	12	宀
副	フク	11	リ
兵	ヘイ ヒョウ	7	八
別	ベツ わか(れる)	7	リ

漢字	読み方	画数	部首
辺	ヘン あた(り) べ	5	辶
変	ヘン か(わる) か(える)	9	夂
便	ベン ビン たよ(り)	9	イ
包	ホウ つつ(む)	5	勹
法	ホウ ハッ ホッ	8	氵
望	ボウ のぞ(む) モウ	11	月《つき》
牧	ボク まき	8	牜
末	マツ すえ バツ	5	木
満	マン み(ちる) み(たす)	12	氵
未	ミ	5	木
民	ミン たみ	5	氏

漢字	読み方	画数	部首
無	ム ブ な(い)	12	灬
約	ヤク	9	糸
勇	ユウ いさ(む)	9	力
要	ヨウ かなめ い(る)	9	覀
養	ヨウ やしな(う)	15	食
浴	ヨク あ(びる) あ(びせる)	10	氵
利	リ き(く)	7	リ
陸	リク	11	阝
良	リョウ よ(い)	7	艮
料	リョウ	10	斗
量	リョウ はか(る)	12	里

漢字	読み方	画数	部首
輪	リン わ	15	車
類	ルイ たぐ(い)	18	頁
令	レイ	5	人
冷	レイ つめ(たい) ひ(える) ひ(や) ひ(やす) ひ(やかす) さ(める) さ(ます)	7	冫
例	レイ たと(える)	8	イ
連	レン・つら(なる) つら(ねる) つ(れる)	10	辶
老	ロウ お(いる) ふ(ける)	6	耂
労	ロウ	7	力
録	ロク	16	金

▶７級配当202字＋８級までの合計440字＝642字